第三版・

常識を疑ってみる心理学

自分なりのモノサシを持つ

伊藤　哲司著

北樹出版

はじめに

―「正解のない世界」を生きるために―

学校で行われるテスト問題には、正解がひとつだけあります。大学入試センター試験などマークシート形式で解答させるテストがその典型ですが、二つも三つも正解があるということはないわけです。後になって、二つを正解としますとか、正解がなかったので全員に○をあげますとかといったことが稀にありますが、それらは「出題ミス」と呼ばれます。最初から正解が複数あるとか、そもそも正解がないとかということはないのです。

学校教育を長年受けてきた私たちは、そうしたただひとつだけの正解を追い求めて勉強に励んできたのかもしれません。そこに至るまでの解法はどうでもよくて、とにかく正解にたどりつきたい――時に鉛筆を転がし運を天に任せてでも――ということはなかったでしょうか。もちろんそうした勉強の中にも、何かがわかるという楽しみや喜びが多少はあったかもしれません。でも、勉強が心から面白いと感じられた人の方が、むしろ少ないのではないかと思います。

ちょっと考えてみればすぐに気づくことですが、私たちの生活の中では、「正解がひとつ」という問題の方がはるかに少ないのです。たとえば、どこの大学や専門学校に進学すべきかという問題に対峙することになった時、とにかく偏差値の高い学校へとか、大都市の学校へとかというのはひとつの答えかもしれませんが、それが唯一の正しい答えではないはずです。自分は何に興味があるのか、何が得意なのか、将来はどんな仕事に就きたいのか、そういった諸々のことを考えて、自分にとって正しい答え――妥当な学校の選択――を見出していかねばなりません。

心理学などの人間の研究をする分野でも、似たようなところがあります。唯一の正しいものの見方――たぶん「真実」と呼ばれるもの――というものはなくて、どのように人間を捉えたらよいのかということには、幾通りも答えがあります。もちろん、何でもありということにはなりません。より妥当な答えはあるでしょう。ただし、何をもって「より妥当か」ということを示すことが、同時に必要になってきます。そこに学問としての探究の、難しさと面白さがあるのです。

そのような「正解のない世界」を、自分なりに判断して生きていくために必要なのは、知識の豊富さということよりも、むしろ自分なりのモノサシ、すなわち価値観を持つということです。このことに関して科学史を専門とする村上陽一郎さんは、次のように書いています。

> けれども、私は「自分を建てていく」ことが、「幅広く知識を身につける」ことと同義であるとは、どうしても思えない。教養の本義は別のところにあると信じている。
>
> 私にとって、教養の本義と思われるものは、「自分のなかに明確な物差しを造り、保持する」ことである。ここで「物差し」というのは、食べ物についてとやかく言わない、とか、何かに寄りかかって立たない、など、ごく日常的で些細《ささい》なことから、命あるものを妄《みだ》りに殺傷しない、とか、他人を自分の思惑だけで裁かない、などといった、大きな倫理的ことがらまで、どこかに、自分なりの基準を設けて、どれほどそれが好ましいこと、願わしいことに思えたとしても、その基準からはみ出ると判断されるときには、決してそれを行わない、という、いわば「やせ我慢」の枠組みを指している。

（中略）誤解してほしくないのだが、それは自分に「凝り固まる」ことではない。いつもいろいろな可能性に拓かれていれば、物差し自身も変わることがあるだろう。でも、はっきりした物差しを持つことだけは、忘れずにいてほしい。それが真の教養だと私は信じる。

（村上陽一郎「教養のすすめ」東京新聞二〇〇五年四月二三日）

そのようなモノサシは、一朝一夕にはできません。多くの情報に注意を払い、様々な本を読み、いろいろな旅をして、そして少しずつ身につけていけるものなのです。そして、いったんモノサシができあがったとしても、それを唯一正しいものと思い込んでしまわない方がいいでしょう。それ自体に凝り固まってしまうことなく、他者の声にも耳を傾け、いろいろな可能性に拓かれた柔軟性を持ちつつ、それでいてしっかりと自分のモノサシと言えるそんなものが求められるのだと思います。

＊　＊　＊

そのようなモノサシを持つために、では具体的にはどうすればよいのでしょうか。

ひとつには「常識」と呼ばれるものを、しっかりと身につけていくことでしょう。常識は、多くの人に正しいこととして認められているものでもあり、それを踏まえた判断や行動をしていれば、通常は誰にもにらまれずにすみます。それどころかその方が、むしろ優等生として、あるいは社会の模範として、認めてもらえるかもしれません。

実は学校教育の場は、常識を生徒や学生たちに教える場でもあります。テストのように正解がひとつというほど常識は単純ではありませんが、学校で教師が教えてくれる常識にとりあえず従っていれば、学校や社会の中でとくに問題視されることはないわけです。モノサシの一種たりえる常識は、私たちが依って立っているものであり、社会的な関係を円滑にしていくものでもあります。それを身につけていくことで、社会の一員として認められていく過程は、心理学で「社会化」と呼ばれます。そのようなプロセスを、これまで誰しも程度の差はあれ歩んできたはずです。

しかしそのような社会化の結果、常識のみに従った人たちばかりになったとしたら、新たな発見とか、独創的なアイディアとか、そうしたものはなかなか生まれてこないのかもしれません。常識に必ずしもとらわれない人がいるからこそ、今までになかった新たな物事が生み出されてきます。正解のない世界の中で、私たちは既存の常識に必ずしもとらわれない、別のモノサシを探求していく方がいい時もあります。

「常識を疑ってみる」ことが、時にそのための有効な手段になりうるのです。ここでいう常識とは、「その時代のその社会で多くの人が正しいこととして共有しているものの見方や考え方」を指しています。常識は、時代が変われば、また社会が変われば変化するものなのですが、その渦中にいる人にとっては、それは空気のようなものであり、当たり前の事柄です。ですから、通常はそれを疑ってみるということを意識して行うことは少ないでしょう。しかし、常識がすべて「正しい」とは限りません。

常識のすべてを疑えと言っているのではありません。私たちが守るべき常識というものも、たくさんあるのです。それはそれで大事にしていかなければなりません。何が妥当な常識で、何が妥当な常識でないのか、そこを見極める目が必要です。そこにもまたモノサシが必要です。

＊　＊　＊

「常識を疑ってみる」ということ、実はそれが学問の始まりでもあります。勉強が「強いて勉める」という受動的な側面をもつものであるならば、学問は「問うて学ぶ」ことであり、きわめて能動的な行為です。自ら主体的な行為として問うことを通して、常識とされてきたものの見方を疑い、それを少しずらすなどして、別の見方を見出そうとしていきます。学問の「正解」はひとつとは限りません。学ぶこととは、単純に知識を増やすということではなく、ましてやテストで覚えたことを吐き出すことでもなく、それを自分のものとして再編成していくことであり、さらに言えば自分のモノサシが変わり、自分自身が変わっていくことなのです。そして、思いがけない大発見や、独創的なアイディアが生まれるかもしれません。

「疑う」という言葉は、通常は否定的な意味で使われます。「人を疑う」と言えば、普通はその人を信用しないというのと同義なわけです。私も、人を疑って生きるよりも、できるだけ人を信じて生きていたいと思っています。しかし、世の中で当たり前とされている事柄を「疑う」ことが必要になる時もあります。「常識だから」の一言で常識に目を閉ざし、それに安易に取り込まれてしまうことなく、そこを少しずらしたところに面白いことを見出していくために。それは、何事も信用しないというような厭世的な生き方に繋がるのではなく、むしろ創造的で豊かな世界を紡ぎ出していくための、積極的な営みなのです。

子どもの頃にきっと誰しも感じたに違いない世界に対する「なぜ?」という気持ち、それを少し思い出してみてください。常識を教える学校教育の中で、「何かヘンだな」とか「ちょっとおかしいな」と思ったことを、いつのまにか押し殺してしまうようになったことはないでしょうか。「これはそういうものだ」などと教師に言われて、その疑問はかき消されてしまったかもしれません。でもその素朴な疑問を、今いちど思い出してみましょう。そこから自分なりの学問としての探究が始まっていきます。それはとても魅力的な「知の冒険」でもあるのです。

＊　＊　＊

本書では、主に心理学を題材にしながら、三部十二章分の「常識を疑ってみる」実例を紹介していきます。その中で「情報」「国際社会」「心理学と科学」の常識に対する素朴な疑問を提示して、「常識」とは別の見方があることを示してみます。ただし、これが唯一の正しい答えだと主張しているわけではありません。それはいわば、私なりのモノサシに従った答えにすぎないのかもしれません。本書に書かれていることとは別の答えもありうるのです。本書の内容を参考に、むしろそれを積極的に探索していただきたいというのが、著者である私の願いです。

この本は、主に大学に入学したばかりの大学生が読んで活用することを想定して書きました。本書の前身（『常識を疑ってみる心理学――「世界」を変える知の冒険――』二〇〇〇年刊行と『改訂版・常識を疑ってみる心理学――モノの見方のパラダイム変革――』二〇〇五年刊行）は、私自身が大学で担当する心理学の教養科目等で、教科書として長年使用してきました。その中では、心理学全般をカバーできなくとも、心理学の基礎にも目配りをしてきました。

各章で取り上げたトピックスを、さらに深く探求するために有益な書物を「読書案内」として紹介してありますので、さらなる探究のために、そちらもぜひ併せて参照してください。また自分自身が導き出した答えの妥当性を検討するには、他の人と対話を交わすことも必要ですから、それぞれの章の最後に「議論してみよう」という部分をつけておきました。こちらは授業の内外で活用してもらえればありがたいです。きっとその対話や議論が、自分のモノサシをより豊かなものにしてくれることでしょう。

* * *

本書を通して、「正解のない世界」を探索し、自分なりのモノサシが見えてきたというなら、筆者としてこれ以上の喜びはありません。「常識を疑ってみる」旅への出発に、みなさんをお誘いします。これまでにない境地が広がっているかもしれません。旅立ちはいつもちょっと憂鬱なものでもありますが、思い切ってまず一歩を踏み出してみることにしましょう！

イラスト：大橋幸枝・佐藤涼子

? ? ?

Contents

?

第三版・常識を疑ってみる心理学

1. 情報の常識

現在はインターネットの時代だと言われます。遠く離れた世界の情報が瞬時に入手でき、また自分自身が発信した情報が世界中に届くなど、一昔前では考えられもしなかったことが可能になりました。

それだけになおさら、溢れる情報とどのように向き合うべきかということが問われます。情報の読み方を誤ったり、根拠の乏しい情報に即座に飛びついてみたり、その情報に知らず知らずのうちに左右されていたりしてはいないでしょうか。

「1. 情報の常識」では、私たちが物事を判断したり、何かの行動を起こしたりする元になる情報について、その常識を疑ってみましょう。

1-1．「ためしてガッテン」できる？
——わかるということ、納得するということ——

われわれがマスコミの時代に生きているというのは自明の理である。それどころか、われわれは大衆説得の試みという特徴を持った時代に生きているとさえ言ってもよいだろう。ラジオやテレビをつけるたびに、本や雑誌や新聞を開くたびに、誰かがわれわれを教育しようとし、ある製品を買うよう納得させようとし、あるいは、何が正しいか、何が真実か、あるいは何が美しいかについてのある見解に同意させようとしている。

（E・アロンソン『ザ・ソーシャル・アニマル　人間行動の社会心理学的研究』サイエンス社）

1-1-1．「ガッテン」しますか？

ＮＨＫの人気番組のひとつに「ためしてガッテン」という長寿番組があります。生活の中の身近な問題を取り上げ、こんなときはどうすればよいのかということを実験で明らかにし、それを見たゲストに「ガッテン、ガッテン、ガッテン」と納得してもらおうという内容です。司会・進行を務める立川志の輔の小気味のいい進行と、博学の人という役回りで登場する小野文恵アナウンサーの解説、そして三人のゲストが机上の大きなボタンを叩くとリズムよく「ガッテン、ガッテン、ガッテン」とコンピュータ音声が流れるそのよくできた構成に、視聴者の私たちも思わず「ガッテン、ガッテン、ガッテン」とやりたくなります。

「ためしてガッテン」で紹介される事柄には、実際に生活の中で役立つことがたくさんあるのでしょう。見方によっては、実に便利なありがたい番組と言えるのかもしれません。テレビの前で見ているだけで、実験までして結果をみせてくれるのですから。

しかし、ちょっと待てよ、と私は思います。いま見せられた実験の結果で、そんなことまで「ガッテン」してよいのだろうか、と。私がこの番組のゲストになったなら、「ガッテンしていただけましたでしょうか？」という司会者の声に、他の二人のゲストが「ガッテン、ガッテン、ガッテン」とやっても、「いや、今の実験は不備があるんじゃないの？」などと突っ込みを入れたくなることでしょう。

人気番組「ためしてガッテン」の功罪は？

実は番組の中で示される実験は、厳密に考えると実験の体を成していないものが多いのです。実験で大事なことのひとつは、条件統制をすること（本当に見たい要因以外のことをできる限り同じにすること）です。つまり何らかの実験条件を変える（これを「独立変数を操作する」と言います）時に、他の要因は同じであるようにせねばなりません。しかし番組の中の実験では、条件統制がどこまでされているかわからないし、実験参加者（実験台になる人）がどう考えても偏っていたり、人数が極端に少なかったりします。それでいて実験結果（結果として測定されるものを「従属変数」と呼びます）を検討しても、何も確たることは言えないのです。率直に言えば、これらのほとんどは実験もどき。それらを番組では、あたかもきちんとした実験であるかのように紹介しているのです。「百倍楽しむ動物園」というテーマの時には、次のような〝実験〟が紹介されました。

ある四人家族が動物園へ行ってテナガザルと仲良くなろうと試みます。子ども二人がテナガザルの鳴き声を真似るのですが、テナガザルは反応してくれません。それで専門家のアドバイス――両親が物真似に参加していなかったのがよくなかった――をもらい、さらに家に帰って動物図鑑でテナガザルの生態を調べます。別の日に再び動物園で、今度はお父さんお母さんも一緒になって四人でテナガザルの鳴き声を真似してみます。すると今度は見事に、テナガザルも鳴き声を返してくれました……。

ところが、家族が鳴き真似をする映像とテナガザルが反応を示す映像は続けて提示されるものの、それが連続的に起きているという保証がありません。都合よく編集すれば、いくらでもこのような映像は作り出せてしまいます。仮に本当に連続して起きたとしても、「家族が鳴き真似をする」→「テナガザルが反応を示す」という因果関係を検証するためには、条件統制を行った上で、二人が鳴き真似をする条件、四人が鳴き真似をする条件などを繰り返し試してテナガザルが反応するかどうかを厳密に比較してみなければなりません。

また映像を注意深く見るとわかるのですが、動物園に行った最初の日と、あらためて動物園へ行ったとされる日と、家族四人が着ている服が同一です。日が違うのに、四人が揃って同じ服を着ているということは、普通では考えにくいことでしょう。おそらく、動物園での撮影は一日だけですまし、二日にわたって行ったように見えるよう映像を編集したのだと推測されます。

そんな作りの番組で紹介される実験から、安易に「ガッテン」することなどできません。

大学での私の授業で、この「ためしてガッテン」の番組を見せたところ、学生たちからは「自分は納得しないが、世間一般の人たちの多くは『ガッテン』してしまうのではないか」といった反応がいくつも寄せられました。自分だけはちゃんと判断できるはずという気持ち――自己を肯定的に捉え示そうとするバイアスを「自己高揚バイアス」と呼びます――が透けて見えます。しかし、本当にそうなのでしょうか。

1-1-2.「実験で確かめる」ことの安直さ

周知の通り民放でも実験をしてみせて視聴者を納得させようという番組はいくつもあります。今度は私の授業で、学生たちに「発掘!あるある大事典」(フジテレビ)という番組の一部を見てもらいました。「血液型性格判断」がテーマとなった時のもので、内容は次ページの表に示したような構成でした。

この番組自体、「血液型と性格は関連がある」という前提で作られていました。3-1で述べるように、血液型と性格に関連があるという通説が現在の日本にはあり、あたかも常識であるように思われていますが、それには重大な疑義があります。心理学では、血液型と性格に関連があるという考えは、ほぼ否定されています。ところがここでは、血液型と性格の関連が安易な実験によって〝実証〟されてしまっているのです。

この番組では、「血液型別縦割り保育」を実践している保育園の子どもたちの行動がテンポよく紹介されていきます。「几帳面だ」などと言われるA型の子どもたちだけがスイカの赤い部分を残すことなく見事にきれいに食べてしまうことが、映像で効果的に示されます。スタジオにいるタレントたちの驚く声が背後に聞こえ、司会の堺正章が「あれ、スタッフに確かめたんですけど、ぜったいヤラセではないんですって!」と念を押します。

実際にヤラセがなかったかどうかは、テレビを見ているだけでは判断できません。仮にヤラセはなかったとしても、それが血液型に影響を受けた行動のだという判断が、これだけでできるでしょうか。たまたまそのような食べ方をする子どもが揃っていたのかもしれないし、一人の子どもがそのような食べ方をして、他の子どもが面白がって真似たのかもしれないし……。厳密な実験ではないので、そのあたりについては何も判断ができないはずなのです。「血液型がA型だったから」というのは、数ある説明のうちのひとつの可能性にすぎません。

ところが、この番組を見た学生のうち、「(番組での)実験結果に対してなるほどと思った」といった反応を示した人は、四分の一ほどに上りました。一方、「他でも比較してみないと何とも言えない」「真偽はともかく、この実験には正確さが欠ける」といった意見は、ごく少数でした。つまり、かなりの割合の学生が、この番組を見て「なるほど、ガッテン」してしまったというわけです。

「たかが娯楽番組なのだから、そんなに目くじらを立てなくても」という意見もあることでしょう。しかし、看過できないのは、このようにお膳立てされた、必ずうまくいく(ように見える)実験を受け身の姿勢で見て、私たちが「ガッテン」してしまう(させられてしまう)ことです。そこには物事を疑い批判的に捉える余地はなくなってしまいま

「発掘！あるある大事典」のある回の番組内容

埼玉県行田市太井保育園での「血液型別縦割り保育」の実践（約5分30秒）
- 1.園長先生の解説
  - 縦割り保育のメリットと、それに血液型を活かしていることについて
- 2.血液型別行動ウオッチング（実験）
  - a.スイカの食べ方チェック
    - A型の子どもは、赤い部分を残さずきれいに食べることなどを紹介
  - b.靴の脱ぎ方チェック
    - B型の子どもは、靴を揃えることなく脱ぎ捨てることなどを紹介
  - c.サクランボの取り方チェック
    - ＡＢ型の子どもは、ヘタも一緒に取ることを紹介
  - d.保母のコメント
    - 血液型ごとに教室の雰囲気が違うなど
- 3.血液型別子どものほめ方についてのナレーターによる解説
- 4.スタジオでタレントが面白おかしく話し合う場面

す。

なおこの番組の続編である「発掘！あるある大辞典Ⅱ」は、二〇〇七年一月の放送で、痩せることに効果がある食品として納豆を紹介し、その実験データがねつ造されたものであったことから、番組が急きょ打ち切られることになりました。驚いたのはそのこと自体よりも、その番組の放送直後に、各地のスーパーマーケットで納豆が売り切れるなどの騒動が起こったことでした。痩せることへの強い関心もさることながら、疑ってみることをしなかった多くの人たちの存在が浮き彫りになりました。

テレビ番組はそれを視聴しつづけることによって、私たちに深く持続的に影響を及ぼしてきます。私たちの科学的な思考が、このような状況の中でどう育まれていくのかを考えてみる必要がありそうです。

1-1-3. キャッチフレーズを疑ってみよう

ところで、広告のキャッチフレーズとして使われている言葉の中には、実際にはその意味がほとんど理解できていないのに、あたかも理解しているかのように思い込んでいるものがあるのではないでしょうか。たとえば「タウリン一〇〇〇mg配合」。ある栄養ドリンクの宣伝でさんざん聞かされているキャッチフレーズです。この言葉によって、この栄養ドリンクには、身体を元気にしてくれる成分がたくさん入っているような気にさせられます。タウリンがいったいどんな物質なのか少しも理解していなくても、です。

テレビなどでも繰り返し放送されているこの広告。筋肉隆々の二人の若い男性が、何らかの危機的な状況に出くわして、自らの肉体の力でその危機を救います。そこで「ファイトォー！」「いっぱぁーつ！」と叫ぶ二人。そのあとに「タウリン一〇〇〇mg配合、リポビタンD」というナレーションが入ります。こう繰り返し提示されたのでは、タウリンが何なのか知らなくても、あのような立派な肉体を支える何かであるに違いないなどと思い込んでも、無理はありません。

タウリンとは、昆布の表面などについているアミノ酸の一種で、「肝臓の疲れを癒す」という効能があるのだそうです。どうやらそれは、広告で示唆されるようなものではなさそうです。あの手の栄養ドリンクを飲むと元気になった気になるのは、主にカフェインが入っているためだとか。それを飲んで力がわいてくるかんじがするのは、「偽薬効果（プラシーボ効果）」（たとえば、単なるビタミン剤でも睡眠薬だと信じて飲めば眠くなったりするなど）も働いているためと考えられます。

栄養ドリンクや化粧品など広告で使われるキャッチフレーズには、このような「よく分からないけれど、何だかわかったような気にさせられる」ものが多用されています。少し気にかけて普段見聞する広告をチェックしてみてください。「ムイラプアマ」「甘草エキス」「アガリクス」……等々、実に多くの言葉を、私たちがなんとなく受け入れてしまっていることに気づきます。これらには、それぞれ何らかの効能があるのかもしれません。しかしこうした用語は、一般の人々を煙に巻き、一種の「社会的勢力」にさえなって、私たちの態度や行動に影響を及ぼしてきます。

広告は、一種の「説得」です。基本的にそれは、ある特定の商品や会社が良いことをアピールし信じ込ませたいという意図を持っています。広告する側としては、広告を見る人にあまり疑いを抱かせず、すんなりと受け入れさせたいわけです。かつては特定の商品名を連呼する直接的なメッセージを発する広告が多々ありました。それはかえって反発を招くことが知られるようになり（これを「心理的リアクタンス」といいます）、現在の広告の多くは、一番伝えたい商品名などを最後に少しだけ提示するといった巧みな工夫がなされています。

「自分は広告に左右されたりしない、ましてや説得などされていない」と思う人もいることでしょう。しかし、繰り返し見せられる対象に好感を抱きやすいという「単純呈示効果」があり、私たちは馴染みのない商品よりも名前だけでも知っている商品を、ついつい買ってしまうものなのです。たとえば、広告で何度も見かけたシャンプーと、名前を聞いたこともないシャンプー、外見も価格もほぼ同じだとしたら、あなたはいずれを手にするでしょうか。

毎日のように繰り返し耳に入ってくる広告のキャッチフレーズ。それらを私たちはもう少し疑ってみてもよいのではないでしょうか。

1-1-4.「ガッテン」するのは慎重に

友人の心理学者と議論していた時に、「ためしてガッテン」の番組に話が及び、「多くの人たちはむしろガッテンしたがっているのでは」という話になったことがありました。多種多様な情報であふれかえっている現代の世界を比較的単純な説明で切りわけ「ガッテン」することができれば、少し気が楽になろうというものです。極端な考え方をする政治家の言動でも語呂よくわかりやすく語られれば、案外人々に受け入れられてしまうということがありますが、その根っこも、このあたりにあるのでしょう。ワンフレーズ・ポリティクスと呼ばれた小泉純一郎元首相が、一時期絶大な支持を集めたのは、その一例でしょう。

私たちのまわりには、そのようにガッテンさせてくれる「わかりやすい物語」がたくさんあります。テレビ番組にその手のものは少なくないですし、広告のほとんどはまさにそのものです。マスコミは、このような物語を作り出す巨大な装置でもあります。そういったものを頼りにしなければ、この複雑な世を渡っていけないかのような気にすらさせられます。

しかし、わかりやすい物語にはご用心、と私は思います。商売でも、あまりに上手い話にはどこかに落とし穴があるものです。わかりやすい物語は、何かを覆い隠していることが多く、そのような落とし穴を巧みに隠して迫ってくることがあります。そのような情報の発信は、悪徳商法や近年の振り込め詐欺（オレオレ詐欺）のように意図的な場合もあれば、テレビ番組のように必ずしも意図的とは言いがたいこともあります。いずれにしても、深く吟味することなく、たとえば「実験で確かめられたのだから」として簡単にガッテンしていたのでは、物事を深く考える姿勢が損なわれてしまいます。

ところで3-4で紹介する「社会構成主義」は、自然科学を中心とする科学が依拠している論理実証主義に異を唱える考え方です。「主観―客観図式を廃し、すべての事象は社会的に構成されたものである」と主張し、科学の常識に立ち向っています。これだけ言ってもよくわからないと思いますが、社会構成主義は、現在の心理学の方向性に影響を与えないわけにはいきません。

私の授業で学生に社会構成主義の解説をしたら、学生たちは一様に「うーん、わからない……」という顔をしました。そこで私は、社会構成主義について解説された論文を「一〇回ぐらい繰り返し読んでみなさい」と学生に言いました。おおかたの学生は、それで納得したかどうかはともかく、その考え方を、それなりに少しは理解をしたようです。ただしそれは、すぐにガッテンというわけではなくて、少しずつジワリと身にしみてくるようなわかり方だったようです。私自身もこの考え方に初めて接した時、すぐにガッテンしたわけではなく、ジワリとわかってきたというのが実感でした。物事のわかり方、納得の仕方には、このようなタイプのものもあるのです。

そんなに簡単にはガッテンしない、ガッテンする時は慎重に――それが本書のテーマである「常識を疑ってみる」ということと表裏一体の関係にある基本姿勢なのです。

＊〈読書案内〉＊＊

E・アロンソン　一九九二『ザ・ソーシャル・アニマル　人間行動の社会心理学的研究』サイエンス社：社会心理学の実験的研究が数多く紹介されています。主にアメリカで行われた研究であり、それを日本にすぐ当てはめるには無理がある部分もありますが、本文で触れた〝実験もどき〟よりは、ずっとまともな実験の数々を知ることができます。

深川秀雄・相沢秀一・伊藤徳三　二〇〇五『時代を映したキャッチフレーズ事典』電通：キャッチフレーズは時代を映す鏡でもあります。本書には、明治・大正・昭和・平成の四つの時代の広告キャッチフレーズが紹介されており、その時代背景を知る手がかりにもなります。これらの言葉をその時代の人々がどう捉えてきたのか、考えてみてください。

＊〈議論してみよう〉＊＊

本当は内容がほとんど理解できていないのに、わかったような気分になってしまっている事柄には、どんなものがあるでしょうか。そうした事柄を、具体的にいくつも出しあってみましょう。そしてそれらをどのように捉えてしまっているのか議論し、本当はどのような内容であると理解するのが正確なのか、文献等を用いて調べてみてください。

1-2. 自分自身で判断している?

―マスコミが作り出す社会的現実―

わたしたちはたしかに、多くのできごとや事件を報道されてはじめて知ります。その意味でわたしたちマスメディアの受け手は報道機関という他者が選択し解釈したリアリティの世界に住むことを余儀なくされていることに疑いはありません。自分自身で取材に行くわけではなく、こうして提供された共有世界がわたしたちの社会的現実感の基盤なのです。

（池田謙一『社会のイメージの心理学　ぼくらのリアリティはどう形成されるか』サイエンス社）

1-2-1. 判断の源泉

二〇〇九年四月、北朝鮮が「ミサイル」の発射実験を行うというニュースに、日本中が一時騒然となりました。北朝鮮が「通信衛星の打ち上げ」と主張するその飛翔体に対し、住宅地の中まで物々しく迎撃の態勢が敷かれました。日本のどこかに部品が落下する危険性も指摘された中、その飛翔体は四月五日に打ち上げられ、東北地方を飛び越えて、太平洋に落下したとみられると報道されました。

いわゆる拉致問題によって日本ではきわめて悪い印象を持たれている北朝鮮がやったとされることだけに、この事件は、さらに同国のイメージを悪化させるものとなりました。私は、まさか本当に日本に危害が及ぶとは思えず、むしろ北朝鮮に対する強硬姿勢をとる政治家などを勢いづかせるだけではないかとも思いました。しかしながら「ミサイル」であれ「通信衛星」であれ、日本を飛び越えていったとすれば、やはりそれはきわめて憂慮すべき事件であったと思います。

ただし、飛翔体の打ち上げを直接見たという人はいないわけです。つまりこのような出来事を、私たちはマスコミを通じてしか知ることができないないのです。通常私たちは、自分自身で見聞したことよりもはるかに多くのことを、マスコミを通して知ります。北朝鮮の「ミサイル」発射にしても、私たちが得た情報のすべては、マスコミを通じたものでした。

あくまで仮定の話ですが、もし実際に飛翔体の打ち上げなどなくて、マスコミがすべて一貫した嘘の情報を流していたとしたら……。そんなことは現在の日本社会ではありえないと私たちは思い込んでいるわけですが、もし本当にそんなことがあったとしたら、マスコミの受け手である私たちは、すべてだまされてしまうことでしょう。

実は、マスコミを通じて伝わってくる情報には、常にそのような危険性が伴っています。情報は、私たちが物事を判断し行動する材料でもありますから、非常に大きな影響力を持っています。太平洋戦争の時代に、日本軍は勝っていると言い続けた大本営発表は、まさにそのような危険性を露呈させたものでした。けっして過去だけの話ではなく、現在でもありうる話なのです。

日本では報道の自由があると言われます。それだけに私たちは、日本のマスコミが特定の偏った情報を流しているとは思わないことが多いのではないでしょうか。しかし実際のところはどうなのかということを冷静に考えてみると、やや心許ない気もしてきます。実際に、特定の事件についての新聞各紙の報道を読み比べてみると、ずいぶん内容に違いがみられることがあります。不偏不党が建前のＮＨＫでさえ、常に公正な報道をしているとは言えないことが、これまで幾度も問題にされてきました。

私たちは自分自身でそれなりに適切に物事を判断していると思い込んでいるところがあるようです。しかしその判断の源泉は、自分自身で確かめた直接的（一次的）な情報より、かなりの部分がマスコミなどによる間接的（二次的）な情報にあります。ということは、その情報の確からしさ——伝えられる情報の確かさだけでなく、何が伝えられていないかも含めて——を吟味する必要がありますが、そのようなことはあまり気にかけていない人が多いのではないでしょうか。

1-2-2. 世論調査をどう読むか

次の新聞記事を見てください。脳死移植についての世論調査の報道です。ここからどのようなことが読み取れるでしょうか。一九九九年二月に臓器移植法が制定され、日本でも脳死と判定された人からの臓器移植が、一定の制約の下で可能になりました。二〇〇九年七月に法が改正され、ドナーの年齢制限がなくなるなど、脳死移植を推進させる方向に舵が切られることとなりました。法的には「脳死は人の死」とされたのです。ただし、心臓がまだ動き人工呼吸器によるとはいえ、呼吸をし心臓が動き身体が温かい脳死の状態を「人の死」として認めてよいかどうかは、今なお議論が分かれるところです。

この記事は法改正以前のものですが、見出しには「脳死移植への理解広がる」とあります。世論調査の結果で、脳死を「人の死」として認めてよいとする人がそれまでで最高の七二・二％に上り、臓器移植法制定後に実施され

「脳死は人の死」7割 4例の移植 8割評価

全国世論調査

今年二月以降に臓器移植法に基づいて実施された四例の脳死移植について、八一%が肯定的に評価し、脳死を人の死と認めてよいと考える人もこれまでで最高の七二%に上ることが、本社加盟の日本世論調査会が十月二十三、二十四の両日に実施した臓器移植に関する全国世論調査で分かった。

脳死移植への理解広がる

法に基づく脳死移植が実際に行われたことで、脳死や臓器移植に対する理解が国民の間に広がりつつある実態が明らかになった。

一方、脳死移植を「今以上に積極的に実施すべきだ」と答えた人は三六%だったのに対し、「今より慎重に実施すべきだ」も三六%で、今後の拡大については意見が二つに割れた形となった。

今年二月に高知赤十字病院で脳死と判定された人から初の臓器移植が実施され、これまでで脳死移植は四例を数える。調査結果では、この四例について、一九%が「大いに評価する」と答え、「ある程度評価する」と答えた人を含めると八一%が肯定的に評価していた。「あまり評価しない」と「全く評価しない」は計一五%だった。

3割強が積極実施望む

「脳死を人の死と認めてよい」と答えた人は、臓器移植法施行前に実施した一九九七年三月の調査より七ポイント増加。逆に「認めるべきではない」と答えた人は二〇%で五ポイント減った。

自分が脳死になった場合に臓器を「提供したい」と答えた人は三七%で、九七年十月調査よりも四ポイント増加。「提供したくない」は一九%で変わらず、「まだ決めていない」は五ポイント減の四二%。過去の調査と同様に意思を決めていない人が最も多いが、脳死移植の実施を受け、「提供したい」と意思をはっきりさせる傾向がうかがわれた。

臓器を提供するかどうかの意思を記入しておく意思表示カードなどは、調査対象となった二十歳以上の六%が「すでに持っている」と回答。カードなどで意思を示している人の数は少なくとも六百万人程度に達すると推計された。

提供の意思、推定600万人

自分の家族が提供意思を示していて脳死になった場合、「本人の意思を尊重し提供に同意する」が六一%、「同意しない」が八%で、過去の調査とほぼ同じだった。

臓器移植では透明性の確保と、患者や家族のプライバシー保護の両立が重要な課題となっている。この点について「もっと情報公開すべきだ」と答えた人は二四%、「情報公開の制限はやむを得ない」と答えた人は七〇%で、プライバシー保護を重視する人が多いという結果となった。

(注)小数点一位を四捨五入した。

脳死を「人の死」と認めてよいか

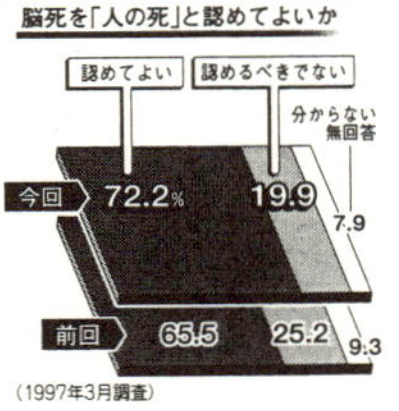

これまでの脳死移植をどう評価するか

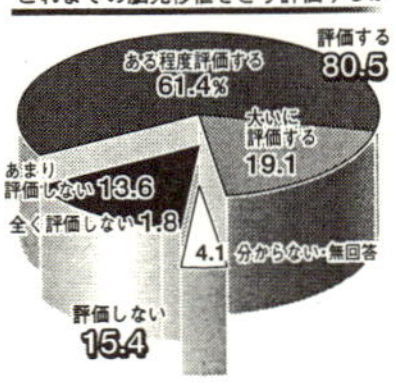

調査方法

(数字は%)

問1 脳死と臓器移植についてお聞きします。脳の機能が失われて回復不能になり、呼吸や心臓の働きが人工呼吸器によって保たれている状態を脳死と言います。あなたは、この脳死を「人の死」と認めてよいと思いますか、それとも認めるべきではないと思いますか。次の中から1つだけお答えください。

認めてよい	72.2
認めるべきではない	19.9
分からない・無回答	7.9

問2 仮に、あなたが脳死になった場合、心臓や肝臓などを提供したいと思いますか。それとも、思いませんか。次の中から1つだけお答えください。

提供したい	37.1
提供したくない	18.9
まだ決めていない	42.3
分からない・無回答	1.7

問3 脳死で心臓や肝臓などを提供する場合、ドナーカードなどでその意思を文書にしておく必要があります。あなたは、こうしたドナーカードなどを持っていますか、それとも持つつもりはありませんか。次の中から1つだけお答えください。

すでに持っている	6.1
今後、持ちたいと思う	28.1
今後も持つつもりはない	20.8
まだ決めていない	42.9
分からない・無回答	2.1

問4 仮に、あなたの家族が臓器提供の意思をカードなどの書面で示していて脳死になった場合、あなたは提供に同意しますか。次の中から1つだけお答えください。

本人の意思を尊重し同意する	61.1
提供には同意しない	7.9
その時でないと分からない	29.3
分からない・無回答	1.7

問5 脳死移植では、脳死判定の経過などを明らかにする情報公開が強く求められています。その一方で、患者や家族のプライバシー保護の面から、情報の公開を制限すべきだとの意見もあります。あなたは、この点についてどのように考えますか。次の中から1つだけお答えください。

もっと情報公開すべきだ	24.4
情報公開の制限はやむを得ない	70.4
分からない・無回答	5.2

問6 ことしに入って、脳死による臓器移植が相次いで行われました。患者は順調に回復していますが、一方で、脳死判定の手順ミスなどの問題も指摘されています。あなたは、これらの脳死移植について、どのように評価しますか。次の中から1つだけお答えください。

大いに評価する	19.1
ある程度評価する	61.4
あまり評価しない	13.6
全く評価しない	1.8
分からない・無回答	4.1

問7 あなたは、今後どのように脳死移植を進めていくべきだと思いますか。次の中から1つだけお答えください。

今以上に積極的に実施すべきだ	36.3
今の程度でよい	22.0
今より慎重に実施すべきだ	35.8
これ以上実施すべきではない	2.3
分からない・無回答	3.6

▽調査の方法＝調査は層化2段無作為抽出法により、9900万人余の有権者の縮図となるように全国250地点から20歳以上の男女3000人を調査対象者に選び、10月23、24の両日、調査員がそれぞれ直接面接して答えてもらった。転居、旅行などで会えなかった人を除き1906人から回答を得た。回収率は63.5%で回答者の内訳は男性47.3%、女性52.7%だった。

▽日本世論調査会＝共同通信社とその加盟社で組織している世論調査機関。調査は同会の委託を受け、共同通信調査センターが担当している。

(東京新聞1999年10月14日)

た四例の脳死移植を評価するとした人が八〇・五％だったことを受けて、「法に基づく脳死移植が実際に行われたことで、脳死や臓器移植に対する理解が国民の間に広がりつつある実態が明らかになった」としています。

この記事を読んだ人の多くは、「ああそうなのか、脳死が『人の死』として認められ、これから臓器移植が推進されていくのだろうな」などと思ったことでしょう。世論調査の数字そのものに偽りはないと思います。世論調査の対象者が二〇〇〇人弱となっていて、「それで日本人全体の意見分布がわかるのか」といぶかる人もいるかもしれませんが、それは無作為抽出法という社会調査の手続きに基づいて対象者が選ばれているので、とくに問題はありません。日本人の大人全員を対象に調査を行ったとしても、同様の結果が得られることに疑いはありません。

問題なのは「脳死移植への理解広がる」の「理解」の意味だと思います。たしかに「脳死を『人の死』と認めていいですか」「これまでの脳死移植を評価しますか」などと問われれば、とりあえず肯定的に答えた人が多かったというわけですが、脳死とはどういうものなのか、脳死移植をするということはどういうことなのか、そこまで深く思いを馳せて回答している人は、おそらくごくわずかでしょう。なぜなら、私たちの多くは、身近な人で脳死になったという人はおらず、身内が脳死移植の提供者になった体験もないからです。脳死は、私たちの多くにとって、まだまだ遠い〝死〟です。

ではもうひとつ新聞記事を見てみましょう。先の記事の直後のもので、「娘が脳死になった」という連載記事の一回目です。不幸にも交通事故に遭ったある女子高生が、ドナーカードを持っていたために脳死判定が行われ、しかし判定不十分で脳死移植には至らなかった、そういう事例についての記事です。娘が突然脳死になり、マスコミからの取材攻勢も受け、家族にとっては「地獄の始まり」であったといいます。五回の連載記事なのですが、その三回目にはお母さんの話として、こんな記述があります。

世界一の娘でした

娘が脳死になった 17歳ドナーの真実 1

愛知県豊明市の藤田保健衛生大病院で、法的な脳死判定が行われてから一カ月余。判定を受けた十代後半の女性は、同県内の十七歳の女子高校生だった。脳死になったら臓器を提供しようとした彼女の意思は、判定作業の中止によって実を結ぶことはなかった。彼女が交通事故で入院してから息を引き取るまでの八日間、家族が味わった悲しみと苦悩。娘の、そして自分たちの思いを伝えようと、家族は重い口を開いた。

（脳死移植取材班）

娘の脳波が消えたのは、事故の四日後でした。でも、人工呼吸器を付けた娘の心電図は、きれいな波。動いている心臓を切り取るなんて……。脳死判定が終われば移植。押しつぶされそうな私を支えてくれたのは、あの子の気持ちでした。

「お母さん。実は私、ドナーカード持とうと思ってる」。今から一年ほど前。真理（仮名）が高二の夏でした。あの子が夜中にふっと、私の部屋に来て。「お母さん、脳死ってね、医学では死でも、その時、心臓はまだ動いているの。お母さんの返事一つで心臓を取るんだから、その時は深く考えないでね」。今、思えば、私に言い聞かせていたんですね。

突然、そんな話を始め、二時間動かなかった。「私の内臓で病と闘っている人たちが助かるんだったら、役立ててあげて。移植が成功して、その人たちが健康になったら、心臓、肝臓、腎臓（じんぞう）に私が乗り移ってお母さんに会いに行く。世のため人のため。そして私はお母さんに会いに行ける。一石二鳥でしょ、お母さん。お母さんには長生きしてほしいから。移植だからって、つらくならないでね。私、必ず会いに行くからね」

私はその時、乳がんが転移して四度目の手術が決まっていました。真理は時々、下を向き、涙をこらえては、また私の顔を見て。

そして、「お母さん、その人はどういう形で会いに来るか分からないから。道を尋ねるかもしれないし、お金が足りないから貸してって、コンビニで言うかもしれないし。その時は優しくしてあげてよ。それは私だからね」。いつもの乱暴な口調と違ってました。私は「何言ってるの。私にはあんたがいればいいんだから」と話半分。それっきりでした。まさか、あの子が本当にドナーカードを持っていたなんて。

高2の夏 ドナーカード書いていた

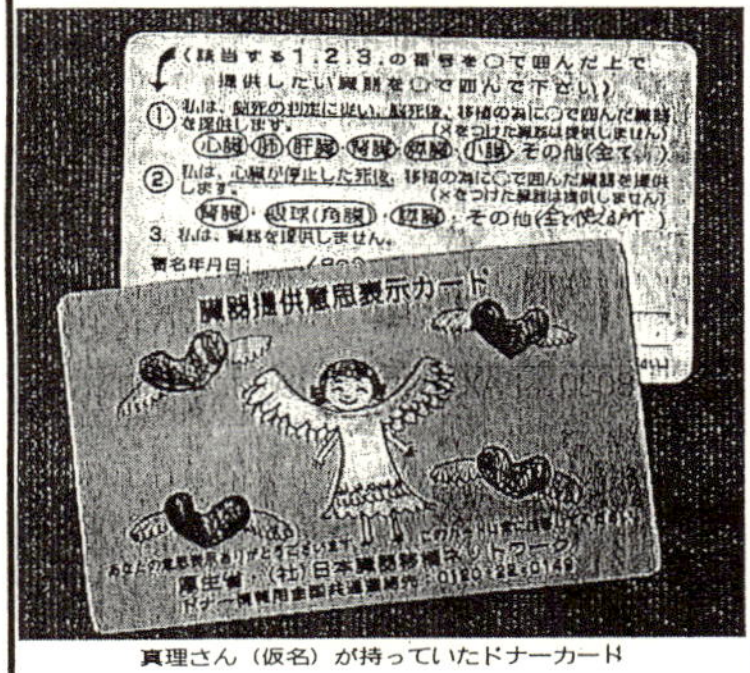

真理さん（仮名）が持っていたドナーカード

■

事故の知らせで病院に駆けつけた時、真理は意識がなく、どう孔も開き、人工呼吸器だけで、やっと息をしているような状態でした。「真理ちゃん、こんなとこで何やっとる。はよ起きんか。いつまで寝てるの。帰るよ」。抱きついても、手を握っても、あんなに明るく元気だった真理が…。これ真理ちゃんじゃない。足も手も唇も震えて。CT画像の脳は一面の灰色で、溝もなく、くちゃくちゃでした。医師から助かる可能性は九九％ない、万に一つの奇跡が起きても植物状態だと説明されて……。でも、ぴんとこなかった。だって、事故に遭う日の夕方までピンピンしていたんだから。この夏、恋をして本当にきれいになった真理に「これからだねえ。お母さん、楽しみだよ」って話したばかりだったから。

夜が明け、病院の駐車場で、真理のカバンを確かめたら、財布の中にカードがあったんです。見つけたお父さんが「おい、真理がこんな物持っとるぞ。何か聞いてるか」。見たのは初めてでした。臓器移植？ えっ、心臓？ 真理の言葉が一瞬でよみがえり、お父さんの声が遠くなった。あの夜、「お母さん、まじにやるからね。いいね」と言った決意は本当だったんだ。真理の心臓が取られちゃう。足はがたがた震え、内臓がうーと、のどから飛び出しそうに息苦しくなって。

カードの日付は、昨年の八月十七日。脳死で提供する臓器には、心臓、肺、肝臓、腎臓、すい臓、小腸のどれも丸が囲まれていた。署名は本人の筆跡。母親の署名もあったが、母親本人には身に覚えのないものだった。

真理は、金髪に染め、化粧もピアスもして学校に行ってました。バイクも乗り回し、見た目は不良のコギャルですけどね。でも、人思いで優しくて。私が入院中、横のベッドの見ず知らずのおばあちゃんまで、体をふいて世話するような子。私には世界一の娘でした。

物心つく前に離婚し、ずっと母子二人きり。夜の勤めに出た私を独りぼっちで待つ夜、すすり泣く声が隣家に聞こえたそうです。真理は一度も弱音をはかなかったから、知らなかった。意地でも一人で育てるんだって、私も必死だった。一時、再婚していた私に反発し、修羅場のけんかもしました。五年前、乳がんの手術をした日からです、私への態度ががらっと変わったのは。がんは鎖骨の裏まで八カ所も転移して、末期の一歩手前。七時間の手術の間、あの子は立って手を合わせ、祈り続けていたそうです。

■

四度目の手術が決まった日。「また（がんが）来ちゃったよ。あんたの花嫁姿見られるかねえ」と落ち込む私を、真理は「何言っとるの。お母さんには私がついとるで。頑張らなあかん。がんみたいな病気に負けてあかん。私がお母さんを幸せにしたる」と、明るく元気付けてくれて。

英検一級を持っていた真理は、外国に留学してお金持ちになり、プール付きの大豪邸を建ててお母さんを楽させる、そんな夢も話してくれた。でも、その後、部屋で一人泣いてました。真理がカードの話をしたのは、そのことがあってからです。

カードを何度もじーっと見ていると、ああ、真理ちゃんが書いたんだなあって。真理のあの夜の言葉が耳から離れなくなって。お父さんは「本当にか」。そう言っただけ。そこからが、私たちの地獄の始まりでした。

藤田保健衛生大病院（愛知県豊明市）での脳死判定　8月下旬に交通事故で同病院に運ばれた同県内の女子高生(17)が、臨床的な脳死状態に陥った。女子高生は臓器提供の意思表示（ドナー）カードを持っており、家族も移植に同意したため、9月5日夕から臓器移植法に基づく国内5例目の脳死判定が行われた。しかし1回目の判定終了後、左耳の鼓膜が破れていて脳幹反射を調べる検査の一つが片耳でしかできなかったことが問題となり、厚生省は中止を要請。同病院は6日未明、2回目の判定の前に作業を中止。女子高生は8日、心停止後に腎臓を提供した。

（東京新聞1999年11月7日）

「でも、真理はやたらあったかいんですよ。肌もピンク色。手さすっても血流れとる。これが死なの？　これなら、私が生き返らせてみせる、って本気で思いました。」

こういった胸に迫る記述を読んだあとで、先の世論調査に応じたとしたら、かなりの人が「脳死は人の死」とする肯定的な意見を保留にしたのではないでしょうか。「脳死とはどういうものなのか、仮に身内が脳死になったとしたら、どんな事態が発生するのか」といった脳死の現実感《リアリティ》をどのくらい人が感じていたのか、そういうことについてはまったくコメントもないまま、世論調査の新聞記事は「脳死移植への理解広がる」と書いてしまっています。臓器の移植を待ち望む人たちにとっては、脳死移植の推進は好ましいことに違いありません。そのような人たちの切実な思いにも、十分な注意を払う必要があるでしょう。万一自分自身が脳死状態になったならば、そういう人たちのために自分の臓器を提供してもよいと考える人も少なくないと思います。しかし、自分の家族がもし脳死状態になってしまった時には、移植にすんなりと同意できるでしょうか。脳死と植物状態は医学的には区別されていますが、脳死状態のまま長期間を過ごすというケース（長期脳死）もあると言われます。脳死状態でも痛みを感じることがあると指摘する医師もいます。

私の授業で、この世論調査の記事と一連の連載記事を読んだある学生は、「世論調査とはいえ、こういう情報だけだと本当に裏にある悲しみや問題が見えず、数字だけが先走りしてしまうことを、あらためて気づかされた」と書きました。世論調査には、常にこのような問題がつきまとうものです。

1-2-3．マスコミの例示効果と社会的現実

テレビのニュース番組では、街頭でインタビューをした映像が放映されることがあります。視聴者は、その街頭インタビューの声にどのくらい影響されるものでしょうか。

この問題について調べた実験があります。また新聞記事を見てください。この実験では、「夫婦別姓問題」と「PKO派遣問題」について、プロのアナウンサーによるニュースの朗読、説明のための資料映像、街頭インタビューからなるニュース番組が制作されました。街頭インタビューでは賛否それぞれ四通りの意見を作り、「賛成4反対0」「賛成2反対2」「賛成0反対4」などのパターンを作りました。

実験の結果、「賛成4反対0」のパターンを見た人は、その問題に関して「賛成が多数派だ」という認知をし、逆に「賛成0反対4」のパターンを見た人は、「反対が多数派だ」という認知をしやすい傾向がありました。ただし、個人の意見にまで影響を与えるという結果は、この実験からは得られませんでした。

これだけではっきりとした結論を得ることはできませんが、マスコミによる例示が、それなりの影響力を持っていることが示唆されています。街頭インタビューがニュースで放送されるだけで個人の意見を変容させるとまでは言えないとしても、間接的な影響がないとは言えません。世論や多数派の意見に背いて一人反対を貫くということが難しいことは、多くの人が肌身で感じていることでしょう。

1-1でも触れたように、他人の意見や態度を変えることを意図した行為を「説得」と呼びます。私たちは「これからあなたを説得するぞ！」という態度で説得された時には、むしろ逆の意見をより強固にしていく場合があります。

これを「ブーメラン効果」と呼びます。逆に説得ということを感じさせない話の方が、すんなりと受け入れられることがあるのです。

ニュース番組の街角の声は、説得を意図したものではないのでしょう。しかしそこに落とし穴があるのかもしれません。意図していないところに思いのほか大きな説得効果があるとしたら……。

街頭の声 TV放映 視聴者の判断左右

実験で裏付け

東大社会情報研グループ

選挙などの際、有権者への街頭インタビューが、「世論の大勢」を判断するテレビ視聴者の「世論認知」に大きな影響を与える、という実験結果が、このほど東京大学社会情報研究所の橋元良明助教授らのグループによってまとめられた。

選挙期間中にニュース番組で、街頭での「有権者の声」を放映することについては、昨年十月の衆院選で、NHKが「有権者の判断に影響を与えることは極力抑える」との理由から取材・放送を控えた。これに対して、「有権者の声を放送しないことは報道機関として問題」などの批判や議論が起きたが、実際に街頭インタビューが世論認知に影響するのかどうか、実証的なデータが示されたのはわが国で初めて。

橋元助教授らは「夫婦別姓」と「PKO派遣問題」の社会性のあるテーマについて、アナウンサーによるニュースの朗読、説明のための資料映像、街頭インタビューからなるそれぞれ一分程度のニュース番組を制作。街頭インタビューは賛否それぞれ四通りの意見を作り、「賛成意見四、反対意見ゼロ」「賛成意見三、反対意見一」「賛成意見ゼロ、反対意見四」など組み合わせを変えた五つのパターンを作った。百十二人の大学生を二十一～二十五人の五グループに分け、賛成、反対意見の組み合わせの異なる番組を見せた。

この後で、番組とは関係なく夫婦別姓、PKO派遣について、それぞれ「世間では賛成、反対どちらが多数だとあなたは考えるか」と質問した。

賛否の数＝「世論」 思い込む可能性大

その結果、例えば夫婦別姓で「賛成四、反対ゼロ」の番組を見た群では「賛成派が多数だと思う」と答えた人が九五%、逆に「賛成ゼロ、反対四」の番組を見た群では「反対派が多数と思う」が六八%で、「賛否同数」の番組を見た中立群の「賛成派が多数」四八%、「どちらでもない」二〇%、「反対派が多数」三二%に比べ、世論の認知にストレートな影響を受けていることが分かった。

PKO派遣に関しても、「賛成四、反対ゼロ」の番組には「賛成派が多数だと思う」が八〇%、「賛成ゼロ、反対四」の番組には九五%が「反対派が多数と思う」と答えるなど、ほぼ同様な傾向が表れ、統計学的にもはっきりした関連が認められた。

この結果に、橋元助教授は「生の声の印象が強いということだろう」と分析している。

また、こうした世論認知が、実際に自分の態度決定に影響を及ぼすかどうかについては、この実験結果からは統計的な関連は見られなかった。しかし、「世論認知」と「自己の態度」に食い違いがあった場合、自分の態度を世論の方向に修正していく傾向があるという指摘もすでに一部の研究者から出されており、橋元助教授は「世論認知に大きな影響を与える街頭インタビューは選挙期間中はかなり慎重に取り扱うべきだ」と主張する。

なお、昨年の衆院選中、街頭での「有権者の声」取材・放送を自粛したNHKは、「選挙報道では特に公平、中立さが求められる」との判断によるもので、独自に行った世論調査結果は報道している。

桂敬一・立命館大学教授（マスコミュニケーション論）の話「実験の方法と結果については妥当だと思う。街頭インタビューは行き当たりばったりではなく、きちんとした方法で行うべきで、その結果をどういう意図で伝えるかについても慎重でなければならないと思う。だが、街頭インタビューを全くやめてしまうということは、メディアの社会的な機能を放棄することになりかねないと思う」

（読売新聞1997年７月25日）

国政選挙などの前に、各党の支持率が報道されます。それが選挙行動に影響を与えるかどうかは、これまた定かではありませんが、まったくないとも言い切れないようです。支持政党なしという無党派層の人々は、何を手がかりに投票するのでしょうか。ひとつの可能性としては、自分と同じような立場にある人が、何党に一票を投じるのかということでしょう。それが「社会的望ましさ」の規準になりうるのです。

たとえば、友人たちとレストランで食事をする時に、まずまわりの人がいくらぐらいのものを注文するのか気にかける人は少なくないことでしょう。このような場面でさえ、自分だけ「今日はちょっとリッチなのでステーキを」とはならず、社会的望ましさが考慮されることがあります。社会的望ましさは、多くの人が行っている行動から推測されるものであり、それが必ずしも〝正しい〟とは限りません。

マスコミや口コミなどの情報によって、「私たちを取りまく社会的現実」が構成されます。それは、社会や時代を超えた普遍性に乏しく、いわゆる客観的な現実ではありません。私たちは、自分が属する社会の中で構成された現実を生き、その中にどっぷりはまって、なかなかそれに気づくことができません。

そんな中で私たちは、どこまで「自分で判断している」のでしょうか。社会的現実から逃れることは不可能ですが、本当に自分で考え判断し、行動するためには、どうすればよいのでしょうか。

1-2-4. 情報リテラシーの獲得を

現在は、様々な情報が比較的容易に入手できる時代です。インターネットの普及で、世界の情報伝達のあり方は大きく変わりました。様々な情報が得られるだけでなく、個人が世界に向けて情報を発信することも難しくなくなりました。また携帯電話は「ケータイ」と呼ばれ、電話としてというよりも情報端末として機能しています。

かつては「活字に飢える」という時代があったと聞きます。書籍が豊富にはなく、入手できた本をむさぼり読んだということですが、二一世紀の現在を生きる若い人たちには、なかなか想像できないことでしょう。さまざまな情報がすぐに得られる社会にあっては、本をむさぼり読むというような経験はしづらいでしょう。このことは、豊かさの陰で失ったものがあることの一例です。

しかし、インターネットにしても携帯電話にしても、たしかに便利で有用な道具です。私自身も、仕事上でのインターネットの利用は欠かせないものです。手書きで手紙を書くということをほとんどしなくなった一方で、電子メールのやりとりは毎日十通を下ることはありません。もはやこれなしでは仕事が進められず、国内はもちろん海外の出張時にも、インターネットにアクセスすることが必須となっています。

このような時代だからこそ、あふれる情報にどう私たちが対処したらよいのかを考えねばなりません。「報道の中立」ということが言われますが、厳密には報道に中立ということはありえません。どのようなニュースを報道するのか、その選択の段階ですでに何らかの意図が働いており、そのことひとつとっても中立とは言えないからです。そうであるからこそ、ひとつのニュースを多角的に検討することが必要です。

たとえば各新聞のスタンスは、相当異なっています。それらを読み比べて、各新聞の基本スタンスを知っておくことは有用でしょう。新聞なんてどれも大して変わらないと思ってはいないでしょうか。いくらインターネットから情報が簡単に得られるとはいえ、新聞を毎日読むという習慣を身につけたいものです。

テレビ局によっても、やはりスタンスは異なります。またニュース番組であれば、ニュースキャスターのスタンスも大きく反映されています。その違いも自分なりに見極められることが必要です。

「リテラシー」という言葉は、本来「読み書きの能力」を意味します。近年は「情報リテラシー」ということがしばしば言われます。情報を自分なりに把握し、それを読み解き、判断でき、さらにはそれをもとに自分なりの情報発信ができるということを指しています。このような情報リテラシーは、一朝一夕には身につきません。日頃から情報に対してアンテナを張り、それに対応していく経験を積み重ねることが必要です。情報リテラシーが身につくことによって、どのような立場の人がどんなスタンスで流そうとしている情報なのか、そこに盛り込まれていない情報は何なのか、そういったことまで推測できるようになっていきます。

先に述べたように、私たちは社会的現実を生きています。そこから抜け出して生きるということはできません。そのような事実に気づいた時に、自分なりの判断や行動が本当にできる手がかりが得られるでしょう。自分で得た情報をどう読みとけばよいのか、それをもとに物事をどう考え判断していけばよいのか、そのセンスを磨いていくことが求められます。

＊〈読書案内〉＊＊

池田謙一　一九九三『社会のイメージの心理学　ぼくらのリアリティはどう形成されるか』サイエンス社：社会的現実がどのようにして作られていくのかについて、理解を深めさせてくれる一冊です。著者は社会心理学者。

森岡正博　二〇〇〇『脳死の人──生命学の視点から──』法蔵館：人の死は、死にゆく人とそれを取り巻く人との関係によって決まるという基本的な立場に立ち、「脳死の人」を私たちがどう捉え、どう関わっていけばいいのかについて示唆を与えてくれます。

＊〈議論してみよう〉＊＊

新聞などで報道される世論調査の結果を見てみましょう。どのような質問項目で誰に対して行った調査であるのかまで目を配り、そこから本当に読み取れることは何なのかについて議論してみましょう。結果を鵜呑みにすることなく、そこで示されていることに問題はないかどうか検討してみてください。

1-3. 自分はマインド・コントロールされない？

——影響されやすい心——

私が、マインド・コントロールにかかっていたころ、私はそれがいったい何のことか、よくわからなかった。マインド・コントロールとは、どこかのじめじめした地下室で顔を電球に照らされて拷問されるようなことだと思っていた。もちろんそんなことは、統一教会の中にいるあいだ一度も私の身に起こらなかった。だから外の人々が私に向かってどなって、私のことを「洗脳されたロボット」呼ばわりするときはいつも、それはまさに予期していた迫害だと思った。それはますます、私をこのグループの人間なのだと感じさせた。

（スティーブン・ハッサン『マインド・コントロールの恐怖』恒友出版）

1-3-1．もしもマインド・コントロールされていたら……

もし、ある集団に属している誰かがマインド・コントロールされていたら、その人は「ああ、自分は今、マインド・コントロールされているんだな」と、気づくことができるでしょうか？

一九九五年にオウム真理教が引き起こしたとされる地下鉄サリン事件をきっかけに、「マインド・コントロール」という言葉が知られるようになりました。この言葉には、何だかわけのわからない奇妙な考えを教え込まれ、ロボットようにコントロールされてしまうといったイメージがはりついているようです。「元々おかしな人がおかしな教義を信じ込んでおかしな事をしでかすことだ」と考える人もいるかもしれません。

「きっと彼らは、自分ではマインド・コントロールされているなんてわからないのだろう」という推測ができそうです。マインド・コントロールされている人は、自分で自分がマインド・コントロールされているとは思っていないと心理学でも言われています。したがって、冒頭の問の答えは「否」です。それと同時に、こんなふうにも考えてしまいがちなのではないでしょうか。「しかし、自分はそんなマインド・コントロールにかかったりはしない」と。

残念ながら、この問いの答えもまた「否」なのです。マインド・コントロールには誰もがかかりうると言われています。ただし、マインド・コントロールにかかりやすいかどうかということには個人差があり、人間関係がうまくいっていなくて不安定な時期には危険性が高まるとも言われます。しかしながら、絶対にマインド・コントロールにかからないという人は、おそらくいないのです。

マインド・コントロールは特別な人がかかるもの?

マインド・コントロールにかからないという人はいなくて、しかもかかっているときにそれに自分で気づくことができない……としたら、ちょっと恐ろしい考えが浮かんではきませんか。現在すでに、あなた自身が何らかのマインド・コントロールにかかっているかもしれないということです。「そんなことは絶対にありえない」と否定することはできません。なぜなら、自分自身ではマインド・コントロールにかかっているという自覚ができないのですから。

たとえば、こういう例はどうでしょうか。みなさんの家の中には石鹸・洗剤がいく種類もあることでしょう。お風呂の石鹸はもちろんシャンプーもあるでしょうし、洗濯洗剤にお風呂洗い洗剤、トイレ用の洗剤や食器洗い洗剤等々、数え上げたら一〇種類ぐらいにはなるのではないでしょうか。しかしどうして、そんなに多種多様の石鹸・洗剤を持っているのでしょうか。

私たちはたぶん、マスコミを通じて流れてくる広告によって、「清潔な住居環境や身体を保つためには、用途別に石鹸・洗剤を使いわける必要がある」という教えを、知らず知らずのうちに受け取ってしまっているのです。これらの多くは、環境に悪影響を与え、身体にもあまり良くないと言われる合成洗剤です。

シャンプーを使うことまでマインド・コントロールの結果だと言われたら、ちょっと抵抗を感じるかもしれません。でも「頭を洗うのにはシャンプーが絶対に必要」と思い込んでいるとしたら、それはマインド・コントロールの結果だと言っても過言ではないのです。頭を洗う手段は、他にもあるのですから。

化粧品を使うことにも同様のことが言えそうです。化粧品会社は、毎年手を代え品を代え新製品を売り込んできますが、本当は最小限のものさえあれば、肌の手入れなど十分できるのかもしれません。化粧をすればするほど肌が荒れるという話も聞きます。それでさらに肌の手入れが必要というなら、化粧品会社のやっていることは一種のマッチポンプとさえ言えるのかもしれません。しかし多くの人たちがそのことに気づかないまま、高くて害もある化粧品を買わされているのかもしれません。

ちなみに私自身は、化粧品とはもともと無縁ですが、身体を洗うのも頭を洗うのも、洗濯をするのも食器を洗うのも脂肪酸ナトリウム九八％純石鹸を使っています（布巾洗い用などとしてスーパーなどでも売られています）。キメの細かい泡が立ち、実に気持ちよく使えます。最初は少し抵抗があるかもしれませんが、一度試してみてはどうでしょうか。

1-3-2．マインド・コントロールと洗脳

ところで、マインド・コントロールと類似した言葉に「洗脳」があります。両者はしばしば混同されているため、マインド・コントロールと洗脳は同じようなものだという誤解が生じているようです。

しかし、マインド・コントロールと洗脳には、相違点があります。どちらも最終的には個人の自立性を失わせ人格の変容を伴う大きな力を持つものですが、マインド・コントロールが〝自発的〟にそれに関わっていく（実際には誰かに強要されていることが多いのですが）のに対して、洗脳は明らかに強制力を伴うものです。洗脳は、いわゆる拉致や監禁といったことで、最初はその人の意志に背いて無理を強いるという側面があります。

一九七四年にアメリカで起きた事件は、洗脳についての実態をよく表しています。カルフォルニア大学のある女子学生が、共生自由解放軍と称する若い革命家の政治集団に誘拐されました。彼女は大富豪の娘であるという以外は、ごく普通の学生でした。ところが「資本主義に押しつぶされたすべての人々」を助けるという目的を掲げるその集団によって彼女はクローゼットの中に押し込められ、身体的・精神的に苦しめられた結果、約二カ月後に解放された時には、その集団に参加表明をするほどに変貌していました。そしてその直後、彼女は集団のメンバーと一緒に銀行に押し入り、自動小銃で弾丸の雨を降らせたということです。

それに対してマインド・コントロールは、もっと洗練された技法です。本人が自発的にそれを行っているという

ように思わせる技法であるからです。閉鎖的な宗教集団の例で言えば、まず彼らは宗教集団という顔をしないで接近してきます。たとえばヨガのサークルとかインドカレーを食べようとかという集まりであるといった具合です。それでその場に誘われてふらっと行ってみると、そこには自分を大歓迎してくれる人がいたりするものです。そこでは、いまだかつてこんなふうに褒められたことがないというぐらいに、自分のことを褒め称えてくれたりします。この「賞賛のシャワー」と呼ばれる状況に置かれると、それが半ばお世辞であるとわかっていても、悪い気はしないもののようです。その時とても孤独感を感じていたとか、仕事でとてもストレスがたまっていたとか、人間関係で深く悩んでいたとか、そんなふうであるなら、なおさらでしょう。

そのようにしてある宗教集団の人々との関わりができていきます。そしてさらに次なる集まりに誘われることになります。義理も働いて、それにもちょっと行ってみようかという気になるかもしれません。小さな要請（たとえば訪問したセールスマンがドアの内に足を踏み入れること）を受諾すると、次なる大きな要請（たとえばセールスマンの話を聞くこと）を受け入れやすくなる――説得の一種の技術であり、「フット・イン・ザ・ドア・テクニック」と呼ばれます――ものです。そんなふうにして関わりを深めていくうちに、彼らが用意しているマインド・コントロールの手続きにはまっていくのです。あくまで〝自発的〟に……。

このようなマインド・コントロールの技法を使うのは、何も宗教集団だけではありません。独特の考えを有し絶対的なリーダーがいる閉鎖的な集団のことを「カルト」と呼びますが、カルトには宗教カルト以外にも、教育カルト（自己啓発セミナーなど）、商業カルト（悪徳商法のセミナーなど）、政治カルト（極端な考え方をする政治結社など）などがあります。

宗教カルトでは、その教祖が絶対的なリーダーであり、その教祖こそがマインド・コントロールをかける人ということになりますが、しかし教祖自身も自らをマインド・コントロールしていくと言われます。たとえばオウム真理教の教祖であった麻原彰晃も、もとは人のいい按摩師だったというエピソードがあります。弁護するつもりはありませんが、彼も最初は、それなりに純真な気持ちで宗教集団を作ったのかもしれません。ましてや信者たちは、この社会に足りない何かを求めて、入信していったものだと思われます。殺人を犯したとしたら罪はまぬがれませんが、人は状況次第で殺人も犯してしまう存在になるのです。私たちは、他者の行動の原因をその人の内的要因（いわゆる態度や性格など）に帰属しがちで——これを「基本的帰属のエラー」と呼びます——、状況の影響力を軽視しがちです。

実はマインド・コントロールそのものは、本来は中立の技法だと言われます。たとえば、スポーツ選手が行うイメージトレーニングやヘビースモーカーが行う禁煙プログラムなども、マインド・コントロールの一種だとする考え方があります。それを巧みに悪用しているのが、カルトと呼ばれる閉鎖集団というわけです。

1-3-3. マインド・コントロールのプロセス

ところでマインド・コントロールはどのように成立していくのでしょうか。「マインド（心）」を変容させる「コントロール」とは具体的にどのようなものなのでしょうか？

それらには大きく分けて四つあると言われます。すなわち、「行動コントロール」「思想コントロール」「感情コントロール」、そして「情報コントロール」です。

まず、行動コントロールとは、個人がどう行動するかについてのコントロールです。その人の仕事や日々の行為のコントロールのみならず、どこに住むか、どんな衣服を着るか、何を食べて何時に寝て何時に起きるかといった生活に関わるコントロールも含まれることがあります。何をするのにもリーダーの許可が必要であったり、自分自身の判断で行動することが禁じられて、常にグループで行動するように要求されたりします。そしてそれに従わなければ、厳しい制裁が待っています。宗教カルトであれば、それらは教義に基づいているなどという名目のもとで行われます。集団外の〝邪悪〟な人々は救済すべき対象となり、それらの人々の考えが自分の内に入ってこないように、「思考停止」の技術も教えられます。すると外部からの情報を自ら遮断し、すぐに瞑想に入れるようになるようです。

思想コントロールもまた重要な役割を果たします。カルトには独特の、ともすると奇異にも見える考え方があるものですが、それを徹底的に教えられます。ただし無理矢理たたき込まれるというよりは、本人が自発的に学んでいると思えるような形で、たとえばセミナーなどの場で繰り返し一見ソフトに教えられていきます。そこでは、真理はただひとつであり、リーダーの言うことは絶対です。すべてについて正誤がはっきりしていて、誤ったものはすべて集団外にあるという位置づけにされます。

マインド・コントロールでは、感情もコントロールの対象になります。過去の自分がいかに駄目であったかを告白させられ罪悪感を植え付けられます。そして、集団外の人を敵と見なし、そこへ戻っていくことへの恐怖感を煽られます。たとえば「脱会したら地獄に堕ちるぞ」という脅し文句が使われたりします。そのため、実質的に脱会する自由を失ってしまいます。その一方、リーダーへの忠誠心や献身は、もっとも好まれる感情とされ、リーダーへの批判は厳に禁じられます。ある時は極端に褒められたかと思うと、次の瞬間には激しく罵られて、心のバランスを失っていきます。このようなアメとムチによるやり方は、結果として集団への依存心や自分自身の無力感を助長していきます。

最後に挙げられるのが情報コントロールです。私たちは日々多彩な情報に接しており、それらは物事を考えたり判断したりする源泉です。この情報がコントロールされるということは、新鮮な魚とまな板と包丁だけが用意されて「自分で考えて何か料理を作りなさい」と言われるようなもので、結果的に「刺身を作る」といった限られた行動しかとれなくなってしまいます。集団内で接することができるのは、その集団が作った宣伝誌やビデオだけで、外部からの情報は厳しく制限されます。また集団内全体の状況も把握できず、必要最小限の細分化された情報しか与えられません。この情報コントロールが、行動・思想・感情のコントロールを成り立たせる基盤ともなります。

こうした四つのコントロールが効果的に組みあわされ組織化されると、マインド・コントロールはとてつもなく強力なものになり、誰しもそのような状況下ではコントロールから逃れられなくなるのです。そこまでいってしまうと、自覚のないまま、物事を多角的に見ることができなくなってしまいます。マインド・コントロールされない人はいないと言われるゆえんが、ご理解いただけるでしょうか。

1-3-4. マインド・コントロールと向きあう

マインド・コントロールは誰でもかかりうるとはいえ、これまで紹介したようなカルトと呼ばれる閉鎖集団でのマインド・コントロールには、さすがに自分はかからないだろうと思う人が多いことでしょう。そのプロセスに一歩踏み込んでしまえば、誰でも強固にマインド・コントロールされる可能性があるのですが、確かに予防策はありそうです。

私たちは様々な集団に属して生活しています。また新たな集団に参加していく（学校に入学する、サークル活動をする、会社に就職する、市民団体に加わる等々）ことも少なくありません。まず、そのように新たに集団の一員になろうという時に、それがどのような集団なのかという見きわめをすることが必要です。時に集団は、本来の目的や本当の名称を隠して勧誘をしてくるものだからです。その集団がどんな集団なのか、代表者は誰なのか、目的は何なのか、参加した場合の自分の役割は何なのか、集団を辞める自由は実質的にあるのか……そういったことについてあらかじめ知ることが大切です。

またマインド・コントロールに関する知識を有していることが、予防のために役立ちます。これまで紹介してきたように、マインド・コントロールではどのようなことが行われ、どのような過程を経ていくのか、またどのような時に勧誘をされやすいのか等についての理解を深めておくことです。社会心理学で知られた理論のひとつに「接種理論」があります。ちょうど予防注射の接種が、身体に抗体を作らせ結果的に病気にかかりにくくするように、ある程度の知識をあらかじめ〝接種〟しておけば、説得されにくくなるというわけです。予防接種と同様に完全な予防にはなりませんんが、マインド・コントロールについての知識にも予防効果があると言われます。

一方、カルトにマインド・コントロールをされている知人がいたらどうしたらよいのでしょうか。これは相当難しい問題です。なぜかと言えば、本人は自ら進んでそのようなカルトに参加していると思っているだろうし、マインド・コントロールされているという自覚もないだろうからです。家族と再会しようと思ってもいないかもしれません。無理矢理連れ戻せば、こちらが誘拐の犯罪者にされかねません。

カルト的な宗教団体の信者から勧誘を受けることもあるでしょう。こちらがいくら嫌がっても、勧誘は繰り返されます。その人もかつて何度も勧誘を受け不快な思いをしたことがあり、でも入信してみたらとてもよかったという体験をしていたりするからです。

そのような人が脱マインド・コントロールを果たすためには、まずはどうにかして当該の集団から物理的に離れることが必要です。そしてまともに寝て、まともに食事をして、休息を十分とることです。さらに、まわりの人からのサポートも受けていけば、徐々に元の人格を取り戻していくことができます。ただし、その間にも、かつての仲間が自分を連れ戻しに来るのではないかとか、地獄に堕ちるのではないかとか、そういった恐怖感にかられたりするといいます。じっくりと時間をかけることが必要です。

このような話は、カルトに無縁の人にとって、まだ他人事に聞こえるかもしれません。でももう一度思い出してほしいのは、多種類の石鹸・洗剤を使っていること、毎年のように新しい化粧品を買い直していることなどもまた、カルトのそれに比べたらずいぶん緩やかなものとはいえ、マインド・コントロールの一種ではないかということです。「清潔な住居環境や身体を保つため」に、本当は多用途に使える石鹸があればすむのに、行動コントロール（洗濯をするには合成洗剤を当然のごとく使う）、思想コントロール（とにかく白いことは素晴しくて良いことだ）、感情コントロール（ばい菌が残るのは汚らしく恐ろしい）、情報コントロール（この合成洗剤こそは他よりもずっと白くきれいに洗える！）を、私たちは日々広告から受けているのではないでしょうか。

会社組織や役所組織などというのも、カルトのように閉鎖的である場合が少なくないようです。土曜日も日曜日もない会社人間にさせられていくのも、世間から大きくずれた感覚の官僚や政治家が出てくるのも、私には、どこかオウム真理教の信者たちの姿とダブって見えます。誤解を恐れずに言えば、オウム真理教は私たち自身の姿でもあるのではないでしょうか。オウム真理教の元信者の子どもたちの就学を自治体が拒否したりするという事件も起きましたが――すべての子どもは教育を受ける権利があるはずですが――、彼らを排除することでカルトの問題はけっして解決しません。

マインド・コントロールは、先に説明した通り、本来は中立の技術です。それ自体本当は、良くも悪くもありません。一番問題になるのは、カルトのような集団が、その集団にとって都合の良い人間を作り出すために使う場合です。また、私たちも影響を受ける広告などによるマインド・コントロールも、けっこうやっかいな問題です。マインド・コントロールが案外身近な問題であることを自覚して、この問題に一度は向きあって考えてみることが必要でしょう。

＊〈読書案内〉＊＊

スティーブン・ハッサン　二〇〇七『マインド・コントロールからの救出――愛する人を取り戻すために――』教文館：元統一教会の幹部でマインド・コントロールを受けていたという筆者によって、マインド・コントロールの実態が紹介されています。本文で紹介した情報コントロールなど四つのコントロールは、この本からの引用です。

西田公昭　一九九八『「信じるこころ」の科学――マインド・コントロールとビリーフ・システムの科学』サイエンス社：社会心理学者によるマインド・コントロールの解説。社会心理学の諸知見を活かしながらマインド・コントロールのしくみがわかりやすく説明されています。本文で紹介した洗脳の事例（共生自由解放軍に女子学生が誘拐された事例）の詳しくは、この本に書かれてあります。

＊〈議論してみよう〉＊＊

悪徳商法もまた、マインド・コントロールの一種だと言われます。冷静に判断することができれば、どう見てもおかしいと気づけるような商法に、人は簡単にひっかかってしまうことがあります。悪徳商法の手口を調べて、なぜ人はうますぎる話に乗せられてしまうことがあるのか、議論し検討してみてください。

1-4. 人の話は信用ならない？

――記録や記憶にどう向かいあうか――

この場合「記憶」とは、「記録」（あるいは「情報」）のように「所有」されたり、また安易に「流通」されたりするものではない。

つまり「記憶」とは身体（あるいは装置）の一部に蓄えられるような筋のものではなく、むしろ私たちの身体が、「言葉」や「音」「匂い」に触れ、丸ごと何ごとかの〈甦り《よみがえ》〉のただ中に立ち会ってしまう、そんな経験を構成する今、ここでの出来事を指し示すものではないだろうか。

（小倉虫太郎「記録の文化と記憶の文化」東京新聞　一九九七年一二月一一日）

1-4-1.「人の噂も七十五日」と言うけれど……

私たちのまわりでは、日常的に様々な噂が飛び交っています。この噂話、上司や先生の悪口を言ってストレスを発散しているぐらいならよいのですが、場合によってはそれによって自分の悪い評判が立ってしまったり、社会的に不利な立場に立たされてしまったりもしますから、けっして侮ることはできません。

「人の噂も七十《しちじゅう》五《ご》日《にち》」と言います。良い噂も悪い噂もそう長くは続かないという意味です。しかしだからといって、その影響が小さいとは限りません。一九九五年一月に起きた阪神・淡路大震災のあとには、「震度六ぐらいの余震が来る」という噂が被災地を巡りました。ある調査によれば、それを聞いた九割近くの人がその話を信用したといいます。その噂の発生源は、地震直後に地震予知連絡会が「マグニチュード六クラスの余震がありうる」と発表したことでした。地震の規模を表す「マグニチュード」が揺れの大きさを示す「震度」にすり替わり、混乱し不安が募る被災地を駆け巡ったというのが真相のようです。

Ｏ１５７による食中毒が大きな問題となった一九九六年にも、それにまつわる様々な噂が飛び交いました。「カイワレ大根が危ない」という噂は、政府が「特定業者の納入したカイワレ大根が原因である可能性を否定できない」と発表した結果でした。その結果カイワレ大根の売り上げが激減し、生産業者は大打撃を受けました。またその前年に地下鉄サリン事件などを引き起こしたとされるオウム真理教に関連づけて、「オウムがＯ１５７菌をばらまいた」という噂も飛び交いました。「彼らならいかにもやりそう」という人々の身勝手な予測が、その噂を拡大させたとも言えそうです。

　これらの噂は「人の噂も七十五日」の諺通り、それが話題になる時期が過ぎれば沈静化しました。現在から当時を振り返ってみると、あらためて「そんな話もあったね」ということになります。ところが噂の中には、数年以上

口裂け女の正体は…

にわたって語り継がれるものもあります。

たとえば口裂け女の噂。マスクをした女性がヌッと現れて、「ワタシ、キレイ?」と尋ねながらマスクをとると、口が耳まで裂けているという怪談めいた話です。この噂を私も、中学生の頃（一九七〇年代後半）、友達から実際に耳にしました。しかも特定の団地のあのあたりに出るという話になっていて、「まさか」とは思いつつも、とても怖かった記憶があります。この口裂け女の噂、出所は岐阜県であることが明らかになっています。中学生だった私はそんなことを知る由もありませんでしたが、口裂け女の噂は、日本全国に飛び火し、しかも何年にもわたってまことしやかに囁かれたのでした。

あるファーストフード店のハンバーガーに猫肉が使われているという噂も、根強く続いたもののひとつです。お店で「トイレと間違ってドアを開けたら、そこに猫の死骸がたくさん積まれていた」というように、尾ひれがたくさんついて語られました。私が高校生の頃（一九八〇年代前半）に聞いたのは、猫肉ではなく「ミミズの肉が使われている」というものでした。もちろん根も葉もない噂にすぎなかったわけですが、そう言われてしまえば、本当かもしれないという気にさせられたものです。

もちろん海外にも噂はあります。洋服店で試着室に入った女性がそのまま拉致され、手足を切り落とされて、東南アジアのどこかの国で見せ物にされているという「オルレアンの噂」（オルレアンとはフランスのある街の名称）というものがあります。それに類似するもので「ダルマのようにされて見せ物になっている女性がいる」という噂は、私が大学院生の頃（一九八〇年代後半）にインドあたりを一人旅している時に耳にしました。その時もまったくの嘘だと断定しきれないものを感じた覚えがあります。

噂の内容は、常に間違っているとは限りません。噂の真相を確認したら正しかったということもありえます。しかし人々をパニックに陥れる可能性すらある噂話を簡単に鵜呑みにすることなく、情報をよく見きわめて冷静に対応する心構えを持つことが必要です。

1-4-2．本当だと信じ込まされる噂

ところでマスコミ用語としては、「噂」と「デマ」が混同して用いられています。デマというのはドイツ語の「デマゴギー（Demagogie）」の略で、政治的な悪意を持って流される喧伝のことです。ですから、少なくともそれを流そうとする人には、始めから嘘であることが明らかなわけです。一方、噂は「流言」とも呼ばれ、そういう特定の意図はなく、自然発生的に発生して人づてに伝わっていくものです。

実際にはこれらの識別は、そう簡単ではありません。たとえば「ファーストフード店のハンバーガーには猫肉が使われている」という言説は、デマなのか噂なのか。もし、誰かがどこかで意図的に悪意を持って流したものならばデマですし、そういう意図が加わっていないなら噂でしょう。しかし、どちらとはっきり断定することは難しいものです。「カイワレ大根が危ない」については、政府の正式発表がもとになっておりデマとは言えませんが、「オウムがO157菌をばらまいた」については、オウム真理教に敵意を向ける人が発生源になっている可能性は否定できません。

ただし、私たちの生活でより問題なのは、デマと噂の区別というよりは、それを本当と信じ込まされる度合いの大きさです。本当は根も葉もない言説であるにもかかわらず、いかにも本当のことのような顔をして流れてくる噂というものがあります。そのひとつが、「当たり屋情報」です。

当たり屋というのは、わざと車をぶつけてきて因縁をつけ、それで示談金を脅迫的に奪う人のことです。そのような「当たり屋集団が地域にやってきたので気をつけるように」という内容のビラが出回ることがあります。それには、いかにももっともらしく、ナンバープレートの番号が何台分も記されています。なぜか山口ナンバーが多いのですが、ある研究者が実際に山口県警に問い合わせたところ、そのようなナンバーが現在使われているという事実はありませんでした。

　ところがこのビラ、いかにも本当の情報に見えますし、「知り合いなどに配布して、注意を喚起してください」と書かれていますから、本当だと思った人がコピーして広がっていきます。かつて、私のところへ「先生も気

当たり屋グループが○○に来ました。気をつけて運転してください。

---

(1)下記の車と事故を起こした場合は、その場で示談などせず、直ちに警察に連絡すること。
(2)警察が到着する前に、勤め先（会社等）や自分の住所・氏名・電話番号など絶対に言わないこと。
(3)社用、自家用を問わず全員にコピーを配布すること。
(4)このコピーを必ず車内に備えておくこと。
(5)知人、友人に知らせてあげること。

＜注意ナンバー＞

山口　○○－○○○○（クラウン）	:
山口　△△－△△△△	:
山口　××－××××（ボンゴ）	:
:	:
（以下、車のナンバーの列記）	:
:	:
:	:
:	:
:	:
:	:
:	:

このナンバーが、前を走行してる時は、急に止まられて当たらない車間距離を保って運転しましょう。また、後ろの車が以上に接近してきた時、充分、注意して下さい。

サイドブレーキで止まるので、ストップランプがつきません。

当たり屋情報のビラの例
（実際のサンプルをもとに筆者が作成。誤字（「……以上に接近……」）もサンプルにあったもののまま）

をつけてください」とわざわざ持ってきてくれた学生がいました。また私が勤務する大学の掲示板に、本当の情報として、しばらく掲示されていたこともありました。

私も、最初はその情報を、不覚にも本物だと思いこんでしまいました。現在そのビラがどのくらい出まわっているのか把握できませんが、案外まだ多くのところで本当の情報として扱われているかもしれません。

噂は、その情報の「重要さ」と「曖昧さ」を乗じたもの、すなわち「重要さ」×「曖昧さ」に比例して広まると指摘されています。重要であるということは人々の関心をひくということであり、曖昧であるということは不安を喚起させられるということです。つまり、ただ単に重要であって関心をひく情報であるというだけでなく、はっきりとせず曖昧で不安を喚起させられる情報が、噂として流れやすいということです。そう考えてみると、先述の例はすべて、特定の人々にとっては重要で、しかしその内容が曖昧なままであるということがわかります。

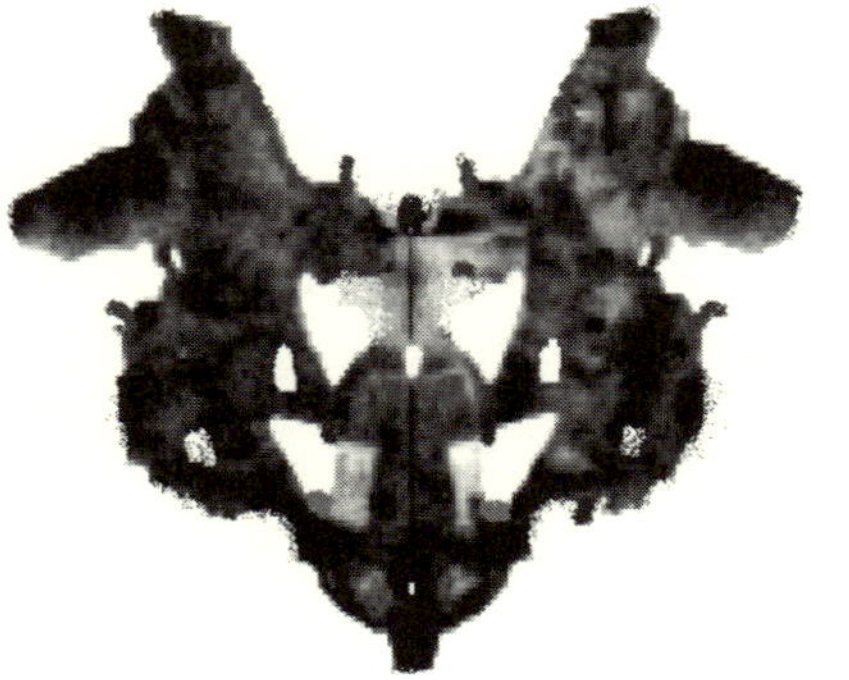

投影法による心理検査で使われる図版の例（著者が作成した模造版）

何がその人々にとって重要であるかということは、地域や時代によって変わりますから、「噂は人の心を映す投影テスト」だという心理学者もいます。投影テストとは、心理検査の一種です。たとえば空の雲を眺めた時に何かの形に見えることがありますが、何が見えるかということにその人の心理状態が投影されるという考え方があります。心理学ではインクの染みを呈示して何が見えるかを問うロールシャッハテストがよく用いられるのですが、それが投影テストの代表例です。

噂は、それが伝えられていく中で少しずつ変容していきます。たとえば、口裂け女の噂に様々なバリエーションがあるのは、そのためです。噂は、伝達されるにつれて細部が省略されていく「平均化」、特定の部分だけが強調される「強調化」、それを伝達する人の関心事の方向へと変容する「同化」が起こると言われています。それによって噂は、明らかに嘘っぽいものに変容していく場合もありますし、逆にきわめてもっともらしいものに変容していくこともあります。

1-4-3. 証言とどう向かいあうか

このように見てくると、噂話など「人の話」というのは、いかにも信用できないものが多いように思えてきます。先にすでに指摘したように、噂の内容は正しいこともありますが、その内容をそのまま信用してしまうのは危険なことです。しかし同じ「人の話したこと」でも、証言と呼ばれるものになると、いささか様相が異なってきます。

日本が敗戦を迎えてからすでに半世紀以上の年月がたちました。しかし今でも、かつての日本軍に騙されて性的なサービスを強制されたと訴える人たちがいます。「元従軍慰安婦」と呼ばれている女性たちです。彼女たちはソウルの日本大使館前で、長年にわたって抗議行動を粘り強く続けています。

元従軍慰安婦の訴えには、たとえばこのようなものがあります。

仕切られた部屋にいると、憲兵の将校が入ってきました。彼は刀を壁に立てかけてから、服を脱いで私にのしかかりました。その当時の私は何も知らない娘でしたから、その日本兵は虎よりも恐ろしかったんです。私は泣き叫んで、将校の手を噛みました。手から血を流した将校は、私に麻酔の注射をしました。一分も経たずに気を失った私は将校に再び犯されたんです。（中略）一日に二十～三十人もの相手をさせられました。私が抵抗したら、「子宮を取ってしまうぞ」と小さなナイフで切りつけてきた将校もいました。刀で太股を刺された傷痕は今も残っています。むこうずねも刀でえぐり取られました。私の身体は刀傷だらけです。（北朝鮮在住の郭金女《カククムニョ》さんの証言：二〇〇一年八月一一日「平和のための証言集会」資料より）

この半世紀以上前に起きたとされる出来事の証言を裏づける客観的な証拠は乏しいわけですが、あなたならこのような証言を信用するでしょうか？

一方、あなたの近しい女性の友人が、電車の中で痴漢の被害を受けたと訴えたとします。その話はとてもリアルで、自分が被害を受けたことをあなたにぜひ聞いてもらいたいという友人の気持ちが十分感じられたとします。もちろんあなたは、現場には居合わせていませんでしたし、やはり客観的な証拠はありません。手がかりは友人の証言だけです。この場合あなたは、その友人の証言を信用するでしょうか？

元従軍慰安婦の証言はすんなりと信用できないと考える人でも、友人の痴漢被害の証言を信用しないという人は、まずいないことでしょう。私たち一般的に、自分から遠い人の証言よりも、近しい人の証言を信頼しやすい傾向があります。噂の伝達は、近い人の間で行われるのが普通であり、噂が広まっていくひとつの基盤がここにあります。

また加害者と被害者がいるとされる事件についての証言であれば、私たちは、加害者が遠い人で被害者が近しい人である場合に、その被害者の証言を信用する傾向があります。逆に加害者が近しい人で、被害者が遠い人である場合には、なかなかすんなりとその証言を信用する気にはなりません。仮に、突然訪ねてきた見知らぬ女性が、「あなたのお父さんから私はかつてひどい目に遭わされた」といきなり証言されても、にわかにはとても信じられないことでしょう。

おそらくこのような心理が働いて、元従軍慰安婦たちの証言は、多くの日本人にとってはなかなか受け入れがたいものと見なされることがこれまで続いてきました。しかし一方、このような状況も考えてみてください。

あなたはある出来事の唯一の目撃者となりました。その出来事が事件として扱われ、あなたに目撃者としての証言が求められたら、おそらくあなたは、できるだけ見聞したままにそのことを誠実に語ろうとすることでしょう。しかし百パーセント確信をもって証言したことを、「あなたの証言は信用できない」と真っ向から否定しようとする人が現れたとします。「信用できない証言なのだから耳を傾ける必要もない」とまで言われたら、どのように感じるでしょうか。

元従軍慰安婦の女性たちが感じている気持ちは、それを何倍も増幅した屈辱的なものなのかもしれません。そうだとしたら、私たちは少なくとも、その女性さんたちの証言に耳を傾ける姿勢を持つべきなのではないでしょうか。

人の話の信憑性がもっとも鋭く問われるのは、犯罪を犯したとされる容疑者の自白や、犯罪場面を目撃した人の証言が裁判で取り上げられる時です。心理学者の中には、自白や証言の信憑性について専門家の立場から分析し(この分析を「供述分析」と呼びます)、見解を提示する仕事をしている人たちもいます。現在の司法の世界では、法学と心理学の協力関係が求められています。

ところで黒沢明監督による古い映画に「羅生門」(一九五〇年)があります。原作は、芥川龍之介の『藪の中』。ある夫婦が山道をいくと、その妻の美しさに見とれた盗賊が、夫をうまく引き離し殺してしまい、妻を手込めにするという事件が起きます。その後、盗賊は取り押さえられ審判を受けますが、そこで盗賊自身、連れ合いを殺された妻、それに殺された夫までが霊媒師を通して事件について証言します。ところがそれぞれの語る事件の内容がまるで異なり、しかもそれぞれが自分を不利な立場に追い込む証言になっているのです。まったくもって不可解な話です。

この映画は、「事実とは何か?」という問題について深く考えさせられます。「羅生門」はその構造を詳しく分析すれば、実際にはひとつの真実を想定しえない不可能な物語である――ゆえにフィクションである――ことが明らかになるのですが、現実の世界でもひとつの出来事について証言が食い違うことがあることは周知の通りです。そのような場合の事実とは、私たちの存在とは関係なく特定できるような客観的なものではなく、立場を異にする人であっても認めざるをえないような、異なる証言のせめぎあいの中にしか見出せないものだとする意見があります。客観的な証拠が乏しく裏が取れない出来事についての証言は、中には取るに足らない噂話である場合もあるわけですが、そうではない真実味のある話は、よく見きわめつつも、大事に扱わねばならないものなのです。

1-4-4. 記録の文化と記憶の文化

この章の冒頭に挙げた文章の筆者である小倉虫太郎さんは、一九九七年一二月一一日付の東京新聞で、次のように書いています。

考えてみれば、現在私たちが聞いている音楽と呼ばれるものは、ヒット・チャートやCDの売れ行きとして「記録」されるであろうが、大量に生産された後、ほとんど私たちの「記憶」として残らないまま消費されていく。高度資本主義における文化産業はますます「記録の文化」の優位によって、私たちの「記憶」を抑圧し、さらに消去する方向へと機能しているのではないだろうか。

現在、「消費は美徳」とされた高度経済成長時の風潮は過去のものになりましたが、多くの文化的とされるものは、今なお大量消費され、私たちの記憶にあまり残っていかないという現象が起きているようです。今の時代、おびただしい数の歌謡曲が生まれて発表され、その中から比較的簡単にミリオンセラーが登場します。一時期そんな曲がマスコミや街を始終流れ、私たちの頭の中でも繰り返し流れたとしても、あっという間にその曲が忘れ去られていく――そんなことが起きてはいないでしょうか。

ビートルズが活躍した一九六〇年代に青年期を過ごした人たちはビートルズ世代と呼ばれます。そのビートルズの曲の数々は、現在でも不朽の名曲として、主にその世代の人たちを結びつける紐帯《ちゅうたい》となっています。一九七〇年代の吉田拓郎・井上陽水・かぐや姫などのフォークソングも、また今でも多くの人々の心を捉え続けています。それらの歌は、記憶の音楽と言っても過言ではないのかもしれません。一方現在でも素晴らしい歌が生み出されているとは思いますが、長く聴かれて語り継がれるようになるものが、いったいどれくらいあることでしょうか。

かつて「記録に残るよりも記憶に残る選手でありたい」と語ったスポーツ選手がいたそうです。記憶とは何なのでしょうか。明日のテストのために一夜漬けで詰め込むような類の記憶もありますが、どうやらそれだけに留まらないようです。もし私たちが記憶を失ってしまったとしたら、それで何を失うことになるのでしょうか。

朝起きて今までの時間、自分が何をしていたのかさっぱり思い出せないとします。たとえば、今自分は大学の講義室で心理学の授業を聞いています。その状況は一応理解できるのですが、自分がなぜ今ここに座っているのか把握できません。気づいたら、いつの間にか心理学の授業を受けていたというわけです。さて、このようなことが自分の身に実際に起きたとしたら、どのような気持ちになるでしょうか。

あるいは子どもの頃の自分が何をしていたのかさっぱり思い出せないとしたらどうでしょうか。自分はどのような子どもだったのか、親にはどのように育てられたのか。どの学校へ行ってどのような友達と何をして遊んだのか……思い出そうとしても何も思い出せず、子どもの頃の自分の写真を見ても、それが自分自身だとは思えません。このようになってしまったとしら、さてどうでしょうか。

記憶は、その人の人生そのものであるわけです。記憶を失うということは、自分の人生そのものを失うことでもあるのです。

先述の小倉虫太郎さんは、こうも書いています。

さらに、日本において特に今年（引用者註：一九九七年）目立った現象としては、歴史の教科書から「従軍慰安婦」の記述を消去しようとする者達の登場によっても「記録の文化」の優位は裏書きされる事態となってしまった（現に彼らが出版した本は何十万部も売れている）。

彼らは元慰安婦たちが思い出したくもない「記憶」を絞り出すようにして為した「証言」を信用するに値せずと言い放ち、むしろ日本軍の「公式」文書の記述（記録）に信頼をよせる者達なのである。

私たちが記録ばかりを重視し、記憶などアテにならないとした時に、私たち自身がどういう状況に置かれるのか、そのことに思いを馳せてみる必要があるのでしょう。

もちろん記録が重要ではないということにはなりません。人間は忘れる動物でもありますから、記録にとどめるということも重要です。新聞記者の取材や研究者のフィールドワークでは、記憶が薄れないうちにメモを取り記録にとどめるということがきわめて重要です。そうしないと私たちは、大事なことでも案外簡単に忘れてしまうものです。

それでも記録があれば客観的な証拠にできるというわけでは必ずしもありません。それ自体、記録する人の意志によって選択されたものですし、場合によっては意図的にねじ曲げられたり捏造されたり、あるいは廃棄されたりあえて記録しなかったりということもあるからです。やましいことをした人が証拠隠滅を図るという自己防衛の行動を取るのは、記憶は簡単に消せなくても記録は消去しうるからです。

記録と記憶、この両者は、どちらが上でどちらが下というものではありません。生まれる前のことは、あるいは自分自身が体験していない事柄は、何かの記録によってか、あるいは誰かにその記憶を語ってもらうことでしか知りえません。

紙に書き記すとか、絵を描くといった古くからある方法以外に、写真やビデオカメラ、レコードやCD、それにパソコンなど、様々な記録のための道具が使えるようになりました。そういった利便さも手伝って、記録を重視し記憶を軽視するという風潮が、現代には現れてきているようです。

繰り返しますが、記憶は私たちの人生そのものでもあります。その記憶を土台とした人の話は、もちろん信用するに足りない噂などもあるわけですが、絞り出されるように語られた記憶を、私たちはもっと大切にし尊重しあわねばならないのではないでしょうか。それを軽んじ損なうことは、私たち自身を喪失することでもあるのです。

＊〈読書案内〉＊＊

G・W・オルポート&L・ポストマン　一九五二『デマの心理学』岩波書店：Rumor（噂）を「デマ」と訳してしまっていますが、噂についての古典的な本です。本文でも紹介した噂の広まりやすさや変容についての話は、ここからの引用です。

浜田寿美男　二〇〇二『〈うそ〉を見抜く心理学「供述の世界」から』NHKブックス：映画「羅生門」の原作『藪の中』が不可能な物語であることを示す卓抜した分析がなされています。供述分析の一端をかいま見ることもできます。

岡　真理　二〇〇〇『記憶／物語』岩波書店：記憶とは何なのか、出来事を物語ることはそもそも可能なのか。こういった「物語」についての論考にどっぷり漬ってみるには最適の書です。著者の専門は現代アラブ文学。

＊〈議論してみよう〉＊＊

一〇年後、二〇年後に現在を振り返った時に、「記憶」に残っていることは何でしょうか。その未来が現在になったときに、過去を振り返って語れることは何でしょうか。自分の身体に染み込んだ記憶とは何か、それぞれ語りあい議論してみてください。そして「記録」ではない「記憶」の大切さについて、考察してみてください。

2. 国際社会の常識

人間は社会的動物であると言われます。私たち一人ひとりが社会という御神輿《おみこし》の担ぎ手であり、その御神輿は私たちの振る舞い方を規定してきます。また人の移動が活発な現在では、そのような「社会」は「国際社会」にも直に繋がっています。

外国人と接する機会も少なくない昨今、そのような国際社会の中での私たちのあり方が問われています。私たちの社会は、どのような揺れ方をしているのでしょうか。その中で構成される社会的現実の中で、私たちは物事をどのように捉え、どう振る舞っているのでしょうか。

「2．国際社会の常識」では、私たち個人と不可分の存在である国際社会について、その常識を疑ってみましょう。

2-1. 地図は必ず北が上？

――描かれた地図から見えること――

すべての富のうち、六人が五九％をもっていて
みんなアメリカ合衆国の人です
七四人が三九％を、たったの二％を、分けあっています
すべてのエネルギーのうち　二〇人が八〇％を使い、八〇人が二〇％を分けあっています
七五人は食べ物の蓄えがあり、雨露をしのぐところがあります
でも、あとの二五人は、そうではありません
一七人は、きれいで安全な水を　飲めません

（池田香代子再話・C・ダグラス・ラミス対訳『世界がもし一〇〇人の村だったら』マガジンハウス）

2-1-1. 世界地図が描けますか？

「何も見ないで世界地図を描いてください」。そう言われたら、あなたはどんな地図を描くでしょうか？

私の授業で実際にそのように学生に言って、世界地図をそれぞれ描いてもらいました。その際「わかる範囲で国

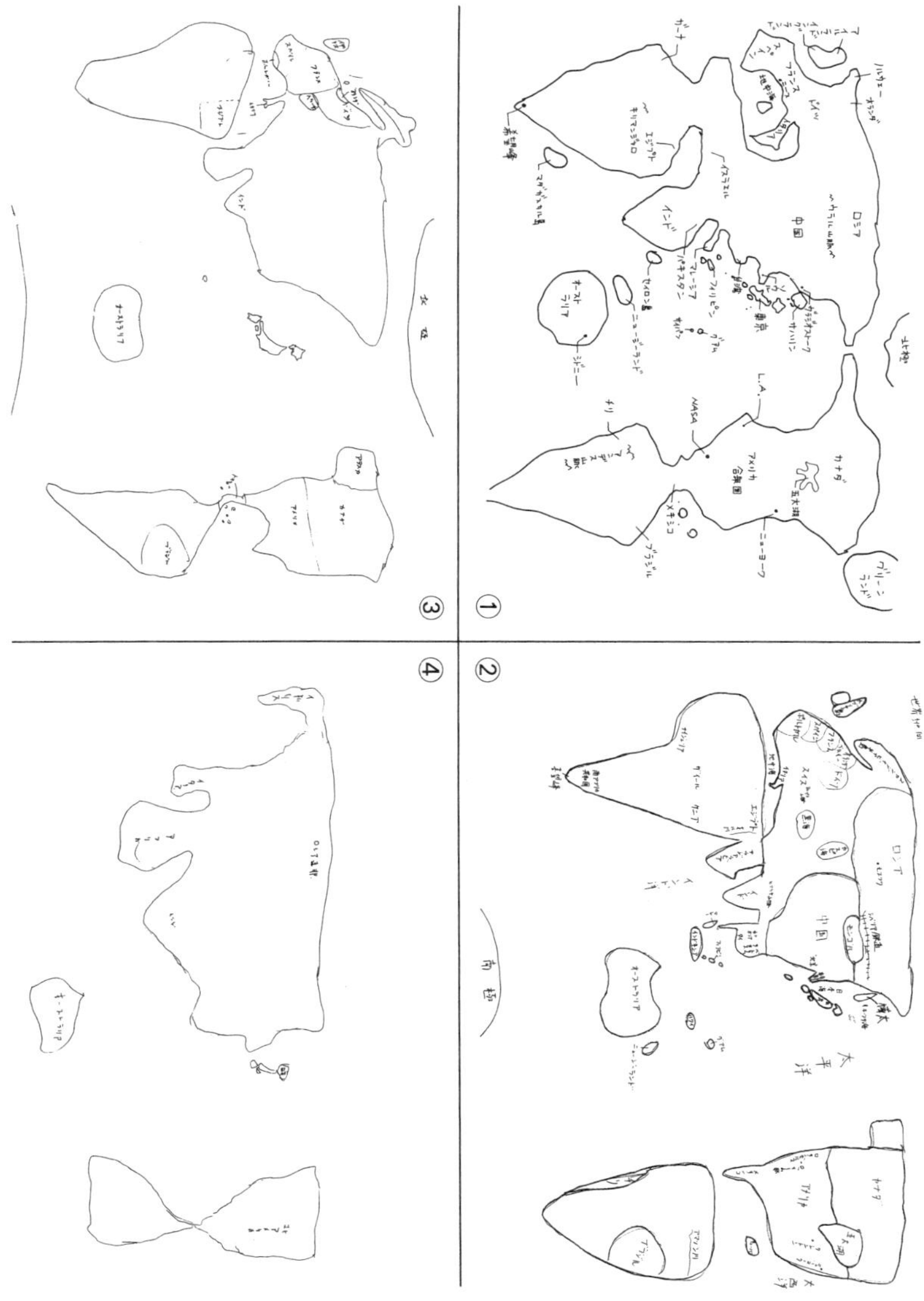

学生たちが描いた世界地図

名や主な都市名も記入してください」と指示しました。学生たちが描いた世界地図の例をいくつか見てください。

①は、まあまあいい線をいっているものです。世界の大陸が、おおむねバランスよく描かれています。大国と呼ばれる国々の名前もあります。しかし、ユーラシア大陸とアフリカ大陸、北米大陸と南米大陸とが異様に太い陸続きで描かれてしまっています。また東南アジアのインドシナ半島が抜け落ちています。それに南極大陸も描かれておらず、一方北極側には大陸があるかのように描かれています。

②も、これでもまだかなりまともなほうですが、陸地の形が極端に単純化されています。北米大陸と南米大陸との間は切れてしまっていますし、アラスカとロシアの間が明らかに空きすぎています。シベリア鉄道が不完全ながら描かれており、描けない国々が膨大にあるのに比べると、バランスに欠けているように見えます。

③は、かろうじて世界地図に見えるものになっていますが、明らかに自信なく描いていることが窺えます。アジアの諸国はインドしか記入されていません。北米大陸・南米大陸それにアフリカ大陸の形はそれらしく描かれていますが、南米やアフリカの国々はほとんど記入できていません。南極大陸が描かれていますが、①と同様、「北極大陸」があるかのような描き方になっています。

④は、国名が記入されていなければもはや世界地図とはわからないものです。アフリカ大陸がイタリアと同様に半島のように描かれていますし、イギリスは大陸と地続きになってしまっています。アジアはほとんど描かれず、北米大陸も南米大陸も、いびつに変形しています。

①よりも正確かつ詳細に描くことができた学生はほとんどいませんでした。国際化が叫ばれる現在でも、日本の学生はこれぐらいの世界地図しか描けないということでしょう。その評価は別にして、まずこの点を押さえておきましょう。

ところで私の授業の学生によって描かれた地図のほとんどが、「北が上」に位置づけられ、「日本が中心」に描かれていました。経線と緯線がともに直線で、なおかつ直交するように描かれる世界地図の描き方をメルカトル図法と呼びますが、学生によって描かれた地図は、「北が上」「日本が中心」のメルカトル図法による世界地図をモデルにしていることがわかります。そういう世界地図を、私たちが一番見慣れているからでしょう。

しかし授業で私は、「世界地図を描いてください」と言っただけなのですから、もっと多様な描き方が見られてもよさそうなものです。日本以外が中心という世界地図ももちろんありますし（ヨーロッパではヨーロッパ中心の地図が主に用いられています）、南が上に描かれた世界地図もあります。まったく異なる発想で、北極を中心に同心円上に描いた世界地図もあります。国際連合の旗には、北極中心の世界地図がデザインとして盛り込まれています。この地図からは、遠く離れていると思われがちなロシアとカナダ・アメリカが、実は北極海を挟んだ隣国だ

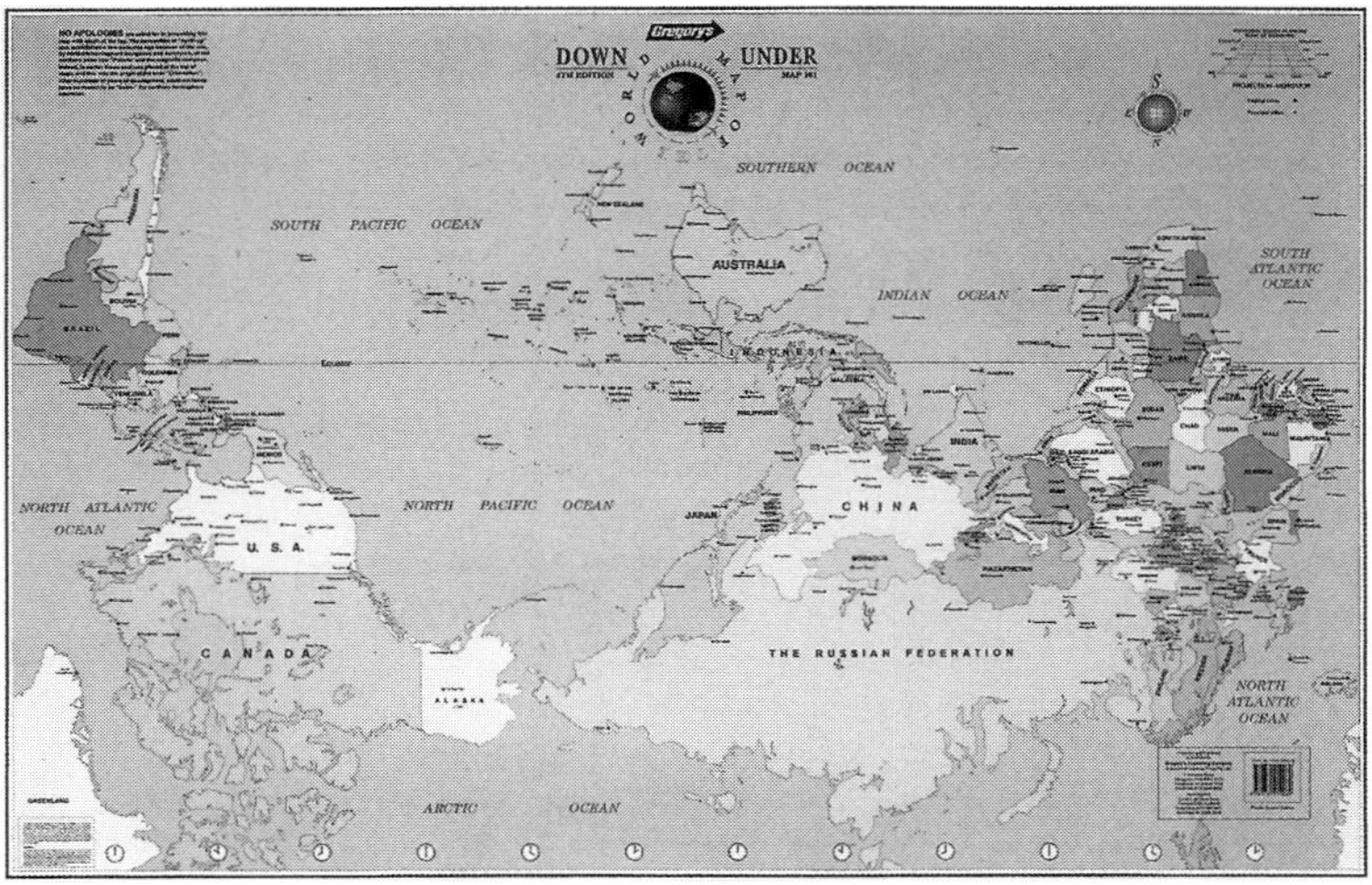

（Down-Under World Map・Gregory・60×89・1/4590万・¥1,200・ラミネート加工品）
オーストラリアで作られた「南が上」の世界地図

国際連合旗

ということが見て取れます。世界地図の描き方は、本来とても多様なのです。「北が上」という考えはたとえばアメリカでも根強く、北極海に面したアラスカ州のバロー岬（アメリカの最北端）は、世界の大陸の北限でもないのに「Top of the World」と呼ばれています。地図が「北が上」であることが多いのは、「北」に「先進国」が多いことと無関係ではないのでしょう。時に私たちは、北側のことをつい「上」と言ってしまうことがあります。「日本の上の方には北海道がある」といった具合です。「南」に住む人々にとってはこれは、あまり快い表現ではないかもしれません。

いつも見慣れている地図も、上下を逆にして見たり、横にたおして見たりすると、まるで違ったものに見えてきます。先述のメルカトル図法以外にも、様々な図法による世界地図が存在します。丸い地球儀を、先入観を外していろいろな角度から眺めなおしてみてください。きっといくつも新たな発見があることでしょう。

2-1-2. 認知地図から見えてくるもの

イメージとして思い描いている地図を「認知地図」と呼びます。私たちは様々な認知地図を暗黙のうちに形成し持っており、不完全ながらそれを紙面に描くことができます。冒頭に例示した世界地図は、学生たちが抱いている世界の認知地図が元になって描かれたものということになります。

試みに、自宅の近所や学校・職場などの近辺の地図を、何も見ないで描いてみてください。いつも行く店とか特徴的な建物とかは描き込むことができても、「このあたりには何があったっけ……」と思い出せないところがいくつもあることでしょう。あとで市販の地図と照らし合わせてみれば、あるいは実際に現地を歩いてみれば、思いがけない発見があるかもしれません。何度も通ったことがある場所でも、思いのほか気づいていない事柄は多いものです。このように認知地図は、関心の高い事柄や気になっている事柄から主に成り立っています。

また描かれた地図は、カーブしている道が直線で描かれたり、斜めに交わっている道が直交して描かれたり、あるはずの道が描かれていなかったり、極端に単純化されることが多いものです。私たちが物事を「客観的」に捉えているわけではないことがよくわかります。自分自身が比較的関心が高い場所は、ある程度詳しく正確に知っていたとしても、関心が薄い場所については、かなり不正確な把握しかしていないことが多く、なかなかまともに描くことができません。それもまた認知地図の特徴のひとつなのです。

では、そのような認知地図は、どのように形成されるのでしょうか。

ある街に初めて来たと想像してみてください。その街の駅にあなたが降り立ったとします。最初わかるのは、駅から眺められるごく限られた風景だけです。街全体からすれば、それはひとつの「点」にすぎません。その後何かを手がかりにして、駅から目的地まで何とか辿り着いたとします。すると点だけだった認識が「線」になっていきます。そして何度かそこに足を運ぶうちに、その線は確かなものになるでしょう。それでもまだ、街全体の認知地図はできません。そのうちによく行く目的地だけでなく、そこから脇に逸れた道を通ったりするようになると、複数の線が織り込まれるようになり、徐々に「面」になっていきます。そのようにして徐々に街全体の認知地図が形成されていきます。

そのような認知地図の形成過程は、馴染みの薄い土地をフィールドワークで研究者が知っていく過程に似ています。フィールドワーカーも、初めての地を少しずつ歩き回っていくことによって、その全体を徐々に把握していきます。その時のフィールドワーカーの目は、「子どもの目」にも似ています。子どもは、大人が見過ごしがちな事柄でもよく気づいたりして「なに?」「なんで?」といった疑問を発するものですが、フィールドワーカーも、その土地で生活を送っている人よりもずっと、いろいろな事柄に気づき注意を払うものです。

ですから私たちが子どもの目を取り戻して、普段見慣れた街をあらためて歩き回ってみれば、さらに豊かな認知地図を形成することができるでしょう。そのような目で、ぜひ見慣れた街をあらためて歩いてみてください。自分がそれまで何に注意を払っていなかったかということを、たくさん発見することになるだろうと思います。それはちょっとワクワクするような体験になるかもしれません。そんな実践を通して、自分のそれまでの関心の範囲を知ることもできるでしょう。

ところで地図というと、私たちは空から眺めた視点で描かれたものを想定するのが普通ですが、これは考えてみれば不思議なことなのではないでしょうか。なぜなら、自分の住んでいる地域を空から眺めるという経験をすることなく、私たちは「鳥の目」で地図をある程度描くことができるからです。これは生まれつき人間に備わった能力ではおそらくなく、学校教育などの中で地図を読んだり描いたりすることを通して習得されていくものだと考えられます。そのような学習をあまり経験しない民族の人々には、そのような空から見た地図の理解力がきわめて乏しいということがありえます。

しかし、認知地図というのは、空から眺めた視点によるものとは限りません。人に道を教えたり教えられたりする時に、たとえば「あそこの角を右に曲がって」とか「三番目の信号を左折して」などと言ったりします。その時に思い描かれるのは「あそこを右に曲がって、二本目の交差点を左に曲がって、角から三軒目」といった認知地図であり、必ずしも「鳥の目」の地図は必要ありません。瀬戸内の漁師が、山々の重なりから現時点を知ることができるという話がありますし、アフリカのある民族の人々は、地形に非常に詳しく行動的であるのに、空から見た地図は描けないといいます。目の見えない人はおそらく、目の見える人とは質的に違った認知地図を持っているのでしょう。人間以外の動物には、星座や磁場、あるいは臭いなどが手がかりとなっている認知地図もあることでしょう。

しかしながら私たちの多くにとって馴染みの深い地図は、やはり「鳥の目」から見たものです。南米ペルーのナスカという乾燥した地に、巨大な地上絵が描かれているのは有名です。地表で見れば大して深くもない溝で、その巨大な地上絵が見事に描かれていることに驚かされます。空を飛べなかったはずの古代に描かれた地上絵は、私たち人間が「鳥の目」による認知地図を作りやすい、そういう傾向を持っている証左なのかもしれません。

2-1-3．時間の地図

ところで空間と時間は、少なくとも心理的には、必ずしも別ものではありません。「～の前」「～の後」や「間(ま・あいだ)」といった言葉は、空間表現にも時間表現にも使われます。また時間の流れをひとつの直線で表すなど、私たちは時間を空間的に表現したりします。

空間に関しての地図があるのですから、時間に関しての地図があってもおかしくはないでしょう。いわゆる年表というのは、時間の地図のひとつです。年表は、歴史の教科書に載っているようなものだけではありません。試しに自分がこれまで生きてきた人生の年表を作ってみてください。それもまた、「個人史」という立派な年表です。その年表に描れた事柄は、認知地図と同様に、自分にとって重要な人生の「転機」が書かれていることでしょう。どんな構図で描かれたのかにも注目してみましょう。その年表は、左から右に向って書かれているでしょうか。あるいは右から左に、もしくは上から下に向って書かれているでしょうか。

私たちにとっての時間は、なぜか左から右へと直線的に流れていくものとしてイメージされやすくなっています。これは、横書きで文章を書くときの方向と関連しているようです。より重要なのは時間が直線でイメージされるということです。昨日の次に今日があって、さらに次に明日が直線的に並んでいるというのは自明のことのようですが、それは時間のイメージのひとつにすぎません。空間の地図の描き方が多様であるように、時間の地図の描き方ももっと多様なものがありえます。

「歴史は繰り返す」という格言をイメージすれば、時間は螺旋《らせん》状に下から上へと上っていくようにも描けるでしょう。毎日が同じルーチンワークの繰りかえしだと感じている人にとっては、毎日が同じところを巡る円環かもしれません。

時間の流れも、心理的には明らかに一定ではありません。楽しい時の時間はあっという間に過ぎますし、退屈な時の時間は途方もなく長く感じたりします。その時は長く感じても、過ぎてしまえばあっという間ということもあります。また人間は、年をとるごとに時間の流れを速く感じる傾向があるとよく言われます。子どもの頃、長く感じた一年が、大人になった今すごく短く感じるというのは、多くの人に共通する実感でしょう。たとえば、二〇歳までの二〇年間と、二〇歳から四〇歳までの二〇年間は、心理的にはおそらく同じ長さではありません。

また空間でも同様なのですが、はるか彼方の時間のことは、極端に詰まっていると感じられる傾向があります。たとえば「人類の祖先は二〇〇万年から四〇〇万年ぐらいの間に現れた」と言った時、二〇〇万年前と四〇〇万年前の時間の差というのは、そこにも実は二〇〇万年の差、つまり現在と二〇〇万年前と同じだけの差があるわけですが、そのような感じはとてもしないのではないでしょうか。四〇〇〇～五〇〇〇年前と言った時にも、四〇〇〇年前と五〇〇〇年前の間には一〇〇〇年もの差があるわけですが、そんな実感は通常伴いません。

またこのようなことも想像してみてください。人類はずいぶんと長い歴史を歩んできたという印象がありますが、地球の年齢に比べたらどうなのでしょうか。地球が誕生したのが四〇億年前、人類の祖先が誕生したのが四〇〇万年前、いわゆる有史開始が四〇〇〇年前と仮定してみます。キリストが誕生したのが約二〇〇〇年前です。またあなたが現在二〇歳だと仮定してみましょう。地球誕生が一月一日午前零時で、現在がそのちょうど一年後だとしたら、人類が誕生したのは、有史が始まったのは、キリストが誕生したのは、さらにはあなたが生まれたのは、何月何日の何時頃になるでしょうか。まず直感的に推測してみてください。それから一年を三六五日として、紙と鉛筆を持ち出して計算してみてください。答えは、この章の最後に記しておきます。その正解を知ったなら、一人の人間としての自分の存在の小ささを感じないではいられないことでしょう。

2-1-4. 自分なりの地図を持つ

そもそも私たちは、なぜ地図というものを生み出したのでしょうか。それはとても大きな問いですが、私たち人間は「世界がどうなっているのかを把握したい」という動機を持っているからというのがひとつの答えです。古地図を見ればすぐ気づくように、地図には「地理」だけでなく、「歴史」も刻まれています。それゆえに、自分なりにどのような認知地図を持つかということは、自らを取りまく世界に自分がどういう態度で対峙するかという問題にもなってきます。

今や世界中のどこへでも、お金と時間と体力さえあれば、比較的容易に行けることができる時代です。国際的に様々な活動をする人も少なくありません。またインターネットの普及で、個人が世界中から情報を得ることができるばかりでなく、個人が世界中に向けて情報を発信することもできます。インターネットの中では、瞬時に世界中を飛びまわることができ、地球の各地域を自由な縮尺でながめて見ることもできます。

そんなことが可能になった時代であるからこそ、どのような世界の認知地図を持つかということは、とても重要なことです。それなのにあまりに貧困な世界の認知地図しか持てていないとしたら……、自分自身の場合はどうか、考えてみてください。

世界は狭くなったと言われますが、しかし世界はなお多様で広いものです。そのような中、自分なりの地図を作りながら自分の足で歩くことには、大いに意味があることです。私自身、学生時代にいくつもの国を、バックパックひとつで一人旅をして歩きました。その結果、今私が研究面でも深い関わりを持っているベトナムと出会ったのでした。若い時のそんな旅が確実に、今の自分の糧になっているなと感じます。

何もかも物質的に満たされた現代は、かえって夢を抱きにくい時代なのかもしれません。でも時代のせいばかりにしては、結局自分の世界を狭めてしまうことでしょう。「地図の北は上」などと凝り固まった常識にとらわれていないで、自分なりの地図をどんどん豊かにしていってください。

（七一ページの答え　人類誕生：一二月三一日一五時一四分二四秒、有史開始：一二月三一日二三時五九分二八秒四六四、キリスト誕生：一二月三一日二三時五九分四四秒二三三一、あなたの誕生：一二月三一日二三時五九分五九秒八四二三二）

＊〈読書案内〉＊＊

正井泰夫監修　二〇一〇『今がわかる時代がわかる世界地図・二〇一〇年度版』成美堂出版：政治・経済・社会・文化等に関連する様々な項目の情報をふんだんに盛り込んだ世界地図が、多数収録されています。これらを眺めてみることをきっかけに、世界のことをもっと知りたいと思わせてくれる一冊です。

伊藤哲司　二〇〇四『ベトナム　不思議な魅力の人々　アジアの心理学者アジアの人々と出会い語らう』北大路書房：単なる旅人としてベトナムと出会い、そのベトナムが重要な研究のフィールドになっていくまでの過程を描きました。私の認知地図がどのように広がっていったかを、ベトナムの人々の「不思議な魅力」とともに、読みとってもらえれば嬉しいです。

＊〈議論してみよう〉＊＊

いつも学んでいる大学の近辺など、特定の場所を決めて、複数の人でそれぞれ地図を描いてみましょう。お互いに相談なく描いた地図には、どのような食い違いが見られるでしょうか。それぞれ何が描かれ、何が描かれていないでしょうか。そしてそのことを通して見えてくることについて議論してみてください。

2-2. 日本は単一民族国家?
―「日本人」と「非日本人」の境界―

韓国・朝鮮系の人々がいかに不可視の存在になっているかは、芸能界ばかりではなくスポーツ界を見てもよくわかる。プロレスの力道山が、現在の北朝鮮出身の朝鮮人であることは近年、広く知られるようになったが、敗戦後まもない頃の日本人は、力道山が得意の空手チョップで「外人レスラー」をなぎ倒す姿に溜飲を下げ、「国民的英雄」と呼んで喝采を送っていた。この空前絶後と言ってもよい時代のアイロニーに、韓国・朝鮮系の人々は日本人とは異なる痛快さを感じて、やはり溜飲を下げたのである。彼らは力道山を「国民的英雄」ではなく、「民族の英雄」と呼んだ。

(野村進『コリアン世界の旅』講談社)

2-2-1.「単一民族国家」という幻想

「日本は島国で単一民族国家……こんな国、他にないよね」といった声を聞くことがあります。このようなことを聞いても、何の違和感も覚えないという人もいるかもしれませんが、日本は本当に「単一民族国家」なのでしょうか。

二〇〇一年、鈴木宗男代議士（当時、現在も）は日本外国特派員協会での講演で、「（日本は）一国家、一言語、一民族といっていい。北海道にはアイヌ民族がおりますが、今はまったく同化されておりますから」と発言しています。ほぼ時を同じくして平沼赳夫《たけお》経済産業相（当時）も講師として招かれたある政経パーティの場で、「小さな国土に、一億二六〇〇万人のレベルの高い単一民族できちんとしまっている国。日本が世界に冠たるもの」と述べています。

しかしその四年前の一九九七年、差別的な色合いが強かった「北海道旧土人保護法」（一八九九《明治三二》年制定）に代わって「アイヌ文化の振興並びにアイヌの伝統等に関する知識の普及及び啓発に関する法律（アイヌ文化法）」が制定され、国としてもアイヌ民族を「民族」として認め、なお不十分なところは残しながらも、「アイヌの人々の民族としての誇りが尊重される社会の実現」を課題として明確化しているのです。

さらに遡って一九八六年、当時の中曽根康弘首相は、「日本はこれだけ高学歴社会になって、相当知的な社会になってきている。アメリカなんかより、はるかにそうだ。平均点からみたら。アメリカには黒人とか、プエルトリコとか、メキシカンとか、そういうのが相当おって、平均的に見たら非常にまだ低い」と発言し、人種差別発言だとして国際的な非難を受けました。その自らの発言についての釈明会見で中曽根はさらに、「日本は単一民族だから手が届きやすいという意味だ」「日本国籍を持つ方々で差別を受けている少数民族はいない」と発言し、今度は国内で顰蹙《ひんしゅく》を買ったのでした。

学生たちの中にもレポートなどでときおり、「単一民族国家の日本は……」などと書く人がいます。しかしこれは、悪気があろうとなかろうと、独自の文化や言語を伝統的に持っているアイヌ民族の人たちを無視していることにならざるをえません。明治時代の日本では、アイヌ民族としての生活慣習は禁止され、「旧土人」として「日本人」の生活習慣を強制されるようになりました。その政策のために多くのアイヌ民族の人たちが「同化」させられていったという史実があります。むろん同化政策が採られたといっても、アイヌ民族の中には自らの独自性を保とうという努力があり、日本が単一民族国家と化したわけではありません。

たとえば沖縄の人々（ウチナンチュー）も、沖縄以外の「本土」で暮らす人々（ヤマトンチュー）とは異なる生活習慣や文化を現在も維持していますし、在日コリアン（在日韓国・朝鮮人）をはじめ、多くの「外国人」が日本で暮らしているのは周知の通りです。彼らの中には様々な理由で帰化して日本国籍を取得した人も少なくありません。

日本は、その民族の多様性の度合いという点では、たとえば中国やアメリカほどではありませんが、それでも「日本は単一民族国家」とはとうてい言えず、日本も実は「多民族国家」なのです。しかし、なお「日本は単一民族国家」と思わず言いたくなる人もいることでしょう。そう言いたくなる気持ちには、どのような心理が隠されているのでしょうか。

2-2-2.「民族」とは何か

そもそも「民族」とは何でしょうか。結論を先に言えば民族とは、身体的特徴で区別される生物学的概念である「人種」とは異なり、「血縁」や「地縁」をしばしば基盤としつつ、言語を含む「文化」の諸側面にわたって共通性を有しているとされる特定の集団のことです。民族に明確に属しているという自覚が伴えば、それはその人の「アイデンティティ」（「あなたは何者か?」と問われたときの答え。自己同一性）の一部を形成することになります。そして「私は○○人です」と自称するときの「○○」に、その民族名が入ることにもなります。

ただし各民族は、厳密に血縁や地縁をベースにしているとは限りません。人類の共通の祖先はアフリカにいたとされていますが、そこまで遡らなくとも、どこかで「異民族」同士が混血したりすることはままあります。また文化の共通性と言っても、どこからどこまでが共通の文化であるかを正確に指摘することは難しいことが多いものです。そのような点から民族という概念は、社会的に作られたものとも言えます。

日本人の多くは、「あなたの民族は?」と問われてもピンとこない人が多いことでしょう。それは、先述の「日本は単一民族国家である」という幻想が働き、「日本には日本民族（あるいは大和民族）という民族しかいない」というように思わせられているからかもしれません。それゆえ日本人にとって日常的に民族という概念は、意識されにくいもののようです。

しかしたとえば、北朝鮮（朝鮮民主主義人民共和国）による拉致問題や核開発疑惑とかといった問題がマスコミで報じられると、「朝鮮人」に対する風当たりがきわめて厳しくなるという事態が発生します。その時に、「日本人」とは似て非なる存在としての「朝鮮人」が強く意識され、「民族」という概念が急にリアリティの度合いを高め、私たちの前に立ち現れてきます。それが好ましからざる方向にエスカレートすると、直接的には何も関係ないはずの朝鮮学校に通うチマチョゴリを着た生徒たちに、暴力の矛先が向けられるといった事件が起きたりします。現在の在日コリアンの一世たちが、戦時中の日本の政策で日本国内に「強制連行」されてやってきた（当時朝鮮半島は日本の植民地であり、そこも「日本」であったわけですが）という歴史があるにもかかわらず。

もちろん異なる民族同士が、常に対立するわけではなく、互いの共存を図り友好的な関係が保たれているケースも多々あります。しかし残念ながら、世界では冷戦構造の崩壊後、各地で民族間の対立をめぐる紛争が多発するようになりました。そこでは、きわめて強い民族的アイデンティティが構築され、互いに排他的になってしまう力学が働くのでしょう。単に、民族が作られた虚構だとは言えないのは、それがそれだけの社会的現実を構成し、現実の私たちの感情や思考や行動を左右することがあるからです。民族は、その集団内の「凝集性」（メンバー同士の結びつき具合の程度）を高めることが必要とされる時にしばしば権力者によって強調され、その内部の引き締めが図られる概念でもあります。

また多数派の民族（マジョリティ）が少数派の民族（マイノリティ）を差別的に扱うことがあるというのは、おうおうにしてどの社会の中で見られることです。多数派の方が数の論理で自分たちの意見を通しやすく、社会の中で力を持つことになりがちです。それに多数派の人々と少数派の人々の犯罪率が仮に同じであっても、少数派の人々のほうがより多くの犯罪を犯しているかのように過大評価して認知されるという傾向（「錯誤相関」の一種）があることも知られています。

民族はある意味で作られた虚構でもありますが、多くの場合で実体として機能します。「日本は単一民族国家」という発言には、自らを日本社会の中の多数派の一員に位置づけ、少数派の人々を黙殺しても構わないとする心理が働いているのかもしれません。冒頭に挙げた政治家たちも、自らの発言を非難されると何とか釈明せざるをえない状況に陥るのは、「差別はいけない」という社会規範が、社会の中で少なくとも表面的には共有されているからでしょう。

2-2-3.「日本人」と「非日本人」の境界は？

ここまで「日本人」という言い方をとくに定義をすることなく使ってきました。そもそも日本人とは、どの範囲の人々のことを指すのでしょうか。日本人がいるということは、「日本人」という範疇には含まれない人たち、すなわち「非日本人」がいるということになりますが、日本人と非日本人の境界はどこにあるのでしょうか。

日本人というと、「肌が黄色く、髪は黒く、目も黒くて、日本語を普通に話す人たち」といったことを漠然と思い浮かべる人が多いでしょう。そのような見方には、同じく「肌が黄色く、髪は黒く、目も黒い」という身体的特徴を持っていても、たとえば「中国語を普通に話す人たち」は日本人には含まれず、中国人と見なすといったことを暗に含んでいます。しかし「中国残留孤児」（日本の敗戦時に中国に取り残され、そのまま中国社会の中で成長した人たち）は、「肌が黄色く、髪は黒く、目も黒くて、中国語を普通に話す人たち」です。私たちは通常、彼らを中国人ではなく日本人と見なすのではないでしょうか。

また「肌が黄色く、髪は黒く、目も黒くて、日本語を普通に話す人たち」でも、たとえば在日コリアンのように国籍が「韓国」や「朝鮮」であると日本人とは見なされず、韓国人や朝鮮人として見なされることが多いのでしょう。このように考えてくると、漠とイメージできたはずの日本人の範疇が、だんだん曖昧になってきます。

日本国籍を持っている人、つまり日本のパスポートを持てる人を日本人として規定できるのではないかと考える人もいるかもしれません。確かにそれは一案ではありますが、たとえば日本国籍を取得した元横綱の曙太郎さん（アメリカ・ハワイ出身）や、サッカー選手の田中マルクス闘莉王《トゥーリオ》さん（ブラジル・サンパウロ州出身）は、通常私たちがイメージする日本人の中に含まれているでしょうか。逆に、かつて南米などに移民していった日本出身者は、その地の国籍を取得してもなお日本人と見なされることもあります。国籍で日本人か否かを決めるというのも、必ずしも決定的ではないのです。

「血統」「文化」「国籍」という三つの要素で整理してみましょう。そして、「日本民族の血をひいているかどうか」、

「日本人」と「非日本人」の類型枠組み（福岡安則著『在日韓国・朝鮮人――若い世代のアイデンティティ――』（中公新書）をもとに作成）

血統	文化	国籍	分類される人々の例
＋	＋	＋	「純粋な日本人」
＋	＋	－	日系一世
＋	－	＋	海外で成長した日本人の子ども
－	＋	＋	日本への帰化者
＋	－	－	中国残留孤児・日系三世
－	＋	－	民族教育を受けていない在日コリアン
－	－	＋	アイヌ民族
－	－	－	「純粋な非日本人」

「言語や生活習慣などの面において日本文化を内面化しているかどうか」、「日本国籍を有しているかどうか」の三点について「＋」か「－」かを考えてみます。すると理論的には八つの類型が考えられます。もちろん現実はこんなに単純ではありません。たとえば「日本民族の血」といっても、いわゆる「混血」の人はどう分類したらよいのか、お爺さんやお婆さんの一人だけが血統が違うといった場合はどうなのかといったことがすぐに問題になります。「言語や生活習慣」は、もっと規定しづらい多様性を含んでいます。にもかかわらずこのような理論的な整理をしてみると、複雑な現実の一面が明確化されて見えてきます。

　血統・文化・国籍が「＋＋＋」であるという人はいわば「純粋な日本人」であり、多くの人がおそらく暗黙のうちに了解している日本人の範疇を表します。「＋＋－」、すなわち国籍だけが違うという人たちには、たとえば「日系一世」などが含まれます。以下同様に例を挙げてみると、「＋－＋」（海外で成長した日本人の子ども）、「－＋＋」（日本への帰化者）、「＋－－」（中国残留孤児・日系三世）、「－＋－」（民族教育を受けていない在日コリアン）、「－－＋」（アイヌ民族）、「－－－」（純粋な非日本人）といった人たちを想定できることがわかってきます。

　この八つの類型のどれを私たちは日本人と見なしているのでしょうか。「＋＋＋」が日本人で「－－－」が非日本人であるとすることにとりあえず異論はないでしょうが、その他の場合は日本人と見なされたり見なされなかったりするようです。あるいは人によって、そう見なしたり見なさなかったりするということもあるでしょう。日本人と非日本人の境界はかなり曖昧であることがわかります。

ただし、この三つの要素のうち血統が「＋」であるという場合に、どちらかというと日本人と見なされやすいという傾向があるようです。国籍が違う日系人や中国残留孤児、それに文化が異なる海外で成長した日本人の子どもは日本の血をひいているという点から日本人として見なされやすく、日本国籍がある帰化者やアイヌ民族、それに在日コリアンなどは、日本の血が流れていないということで日本人とは見なされないことが多いのではないでしょうか。日本は国籍取得に関して、「出生地主義」（国内で生まれた子に国籍を認める）ではなく「血統主義」（親のどちらかの国籍が子の国籍になる）を取っていることにも、このような見方が関係しているのかもしれません。

「あなたは何人ですか？」と問われて、何の疑問もためらいもなくなく「日本人です」と答えられる人の多くは、「＋＋＋」にとりあえず分類される人たちでしょう。そして、そういう人たちにこそ、見えづらい問題がありそうです。自分もそうだという人は、「純粋な日本人」と「純粋な非日本人」の狭間にいる人たちの立場にも、思いを馳せてみてください。

2-2-4．日本社会で暮らす人々の多様さ

「○○人」という言い方は、常に「非○○人」という対概念を暗黙のうちに想定しています。「○○」には国名が入ることも多々ありますが、民族名（たとえば「アイヌ人」）や出身地（たとえば「名古屋人」）などが入ることもあります。関連して、「みとっぽ」（水戸の人）や「ウチナンチュウ」（沖縄の人）のように独特な言い方がされる場合もあり

ますし、「九州男児」のように性別が特定されてイメージが付与されている場合もあります。

同じ一人の人の中で「○○人」がいくつも混在することも珍しくありません。たとえば私の場合でいえば、生まれも育ちも名古屋の「名古屋人」であり、茨城県水戸市に一〇年以上居住しているので「みとっぽ」と言えなくもなく（ただしそのような自覚はほとんどなく）、沖縄の人からみれば「ヤマトンチュウ」であろうし、そもそもやはり「日本人」である、といった具合です。

それらは、「私」というアイデンティティを形成するひとつの基盤になっています。ただし常にそれらについて自覚的であるというわけではありません。とくに強く「日本人」という自覚をしていたわけでもない人が、海外で生活するようになり、まわりの人たちとの差異を強く感じて、あらためて自分が「日本人」であることを実感したといったことはよく聞く話です。

この日本にも多様な「○○人」というアイデンティティを持つ人たちが暮らしていることは明らかです。そして皆が堂々と「私は○○人です」と名乗れるならば良いのでしょうが、たとえば在日コリアンが本名ではなく通名（日本名）で通して自らの出生を明らかにしないということがあるのも、日本社会の一面です。在日外国人は、公務員の管理職等に就くのに制限があったりしますし、いわゆる民族学校の出身者は、大学入試検定試験をパスしなければ大学受験が一部でなお認められないといった問題もあります。そしてそれらは、「＋＋＋」に含まれる「純粋な日本人」たちには、意識しなければ気づきにくく見えづらい部分です。

「日本は単一民族国家」というのは、多数派によるあまりに強引で傲慢な物言いなのではないでしょうか。日本は難民の認定にもきわめて不寛容だという指摘が国内外からあります。国内でも国際交流はけっこう盛んですが、あくまで一線を引いた上での一時的な交流に留まることが多く、外国人が隣人になることには抵抗感を感じる人が多いようです。留学生のホームステイを受け入れてみたらアジアからの留学生でがっかりしたというような話もいまだに耳にします。日本社会に暮らす多様な人たちが、それぞれの「基本的人権の尊重」（言うまでもなく「平和主義」「国民主権」とならんで憲法で保障されている三大原理のひとつ）を実行に移し、この社会での心地よい共生がどうしたら可能なのかを、あらためて真摯に考えてみたいものです。

＊〈読書案内〉＊＊

福岡安則　一九九三『在日韓国・朝鮮人――若い世代のアイデンティティ――』中公新書（中央公論社）：韓国・朝鮮系の在日の人たちの歴史・現在、それにとくにその若い世代の人たちのアイデンティティに焦点が当てられています。本文で解説した「日本人」と「非日本人」の八類型は、この本からの引用です。

姜尚中　二〇〇八『在日』集英社文庫（集英社）：「在日」の二世として日本に生まれ、現在は東大教授になった著者が、「永野鉄男」という通名で過ごしていた青年期までの生活などを真摯に振り返り、日本社会の隠されて見えにくくなっている問題を鋭く浮き彫りにしています。

＊〈議論してみよう〉＊＊

「日本人」と「非日本人」の間には、本文で説明したものよりもっと多くの分類が可能です。それにはどのようなものがあるでしょうか。そもそも「純粋な日本人」は、存在しているのでしょうか。また「日本人」のルーツは、どこにあるのでしょうか。自分自身のアイデンティティをどこに求めたらよいのか議論してみてください。

2-3．アメリカ人はかっこいい？

——無縁ではない偏見・差別——

これに対して、もう一つの文化の見方は、主として英米において用いられてきた観点である。そこでは、文化とは「当該社会で維持され、その成員に共有されている生活様式のすべて」を指している。衣・食・住の基本的な様式をはじめとして、種々の慣行、考え方、価値観、行動様式が含まれている。この用法では「未開社会の文化」という用い方も言葉自体の自己矛盾にはならない。ドイツ流の用法では、未開社会に文化を想定することはむずかしいが、ここでは文化の差異はあっても文化を持たない民族、国民はないからである。

（野村昭『社会と文化の心理学』北大路書房）

2-3-1．○○人のイメージ

まず、次ページの新聞記事を見てください。日本でアフリカ出身の黒人が「ワタシ、アメリカ人」と嘘をつくと、給料がアップするとか女性にモテるとか、「見下す社長の態度がコロリと変わった」とか、そういったことがあると紹介されています。在日アフリカ人が自らを「アメリカ人」と称したところ、その人が勤める会社の日本人の社長が「ヤア、君も民主主義がわかるんだな」と言ったというのです。

アフリカ出身の彼らが自称アメリカ人になりすますことがあるとしたら、それはどうしてなのでしょうか。おそらく、「アフリカ人」と「アメリカ人」に対して私たちが無意識的に抱いているイメージの違い、またそれが元になっていると思われる彼らそれぞれに対する態度の示し方の違いが影響を与えているのでしょう。「アフリカ人」と聞いて思い浮かぶイメージはどのようなものでしょうか。また「アメリカ人」についてはどうでしょうか。記事にある通り、「同じ黒人でもアフリカンは未開で、米国人は文明人というイメージ」を漠と抱いている人も少なくないのではないでしょうか。

「ワタシ、アメリカ人」日本人の態度コロリ

在日アフリカ人

「アメリカ人」と名乗るアフリカ人がいる。彼らは言う。「同じ黒人でもアフリカンは未開で、米国人は文明人というイメージが、日本にはあるようだ」。だから、アメリカ人のふりをすると「給料が上がった」「女の子にモテる」「見下す社長の態度がコロリと変わった」。中身よりブランドに目を奪われる日本のゆがみが見えてくる話だ。

日本人とアフリカ人のかけはしを目指す雑誌「オアシスジャパン」の二月号に、日本人女性のこんな投書が載った。

アフリカ人のボーイフレンドがほしい、と六本木に行った。知り合った彼は、アメリカ人だと言い張る。アフリカンを探していると言うと、最後にはアフリカ人だと認めた。でも、「もう彼に対する興味はなくなっていた。なんでウソの国籍を言うのかぜんぜんワケがわからなかったから」。

この投書には、アフリカ人から手紙が届いた。「日本で女の子と付き合おうとすると、結局ウソをつくことになる」「ナイジェリア人の友達が自分の会社に入ってきた。米国人と言ったら安全ぐつが支給された。五カ月しか働かないのに十万円のボーナスが出た。三年半働いている我々は何ももらえなかった」「社員も彼とは平等に付き合う」

「給料アップ」「モテる」

オアシスジャパン編集長のリベリア人ジョン・ケネス・ドゥさん(三七)は語る。「いろんな国に行ったが、自分の感じでは、アメリカ人とウソをつく効果があるのは日本だけのようだ。欧米が文明国で、なんでも上だという誤ったイメージがあるのかもしれません」

語学塾教師のナイジェリア人(二九)も「焼き鳥屋で隣の客から土人だね、と笑われて」、職場の仲間には米国人で通していると話す。

食品店に勤めるガーナ人(三三)もアメリカ人になっている一人だ。「社長に、実はアメリカ系なんですと言ったら、態度が急に変わった。ヤア、君も民主主義がわかるんだな、と」

同誌では、昨年の年末号でアフリカ人を夫にもつ日本人女性向けに「ご主人が本当の国籍を言わなくてもうそつきということではない。それは、この社会にある差別がそうさせるのです」とふれている。

この項目には、アフリカ人を夫や恋人にもつ女性たちが多くの手紙や電話を寄せた。「なぜ彼がうそをついたのか悲しくてショックでした。(でも彼だけじゃないと知って)ホッとし、励まされました」

「彼の受けた傷はとうてい想像できない。でも、私はやっぱり、アフリカンだと堂々と宣言してほしい。私もアピールしてゆこうと思っています」

日本だから効くウソ

テレビプロデューサーのアメリカ人デーブ・スペクターさん　日本だと、米国の黒人というと、ラップ、大都会、バスケットボール、かっこいい、というイメージがある。アフリカの文化には、イメージもわきにくいんじゃないか。アメリカでウソをついたって、しゃべり方や表情でわかるし、特に利点はない。いつも形やブランドばかりにこだわる「包装文化」の日本だからこそ、よく効くウソだと思う。差別以前の問題だね。

ルーツに誇り持って

日本ギニア友好協会広報官でギニア人のオスマン・サンコンさん　テレビで母国の魅力をPRしてきたぼくは、すごくショックよ。ルーツに誇りを持った方が日本人も心を開いてくれるのに。でも、問題は日本人にもあると思う。アメリカに負けたコンプレックスが残ってて、アメリカ人と言えばイイと感じちゃうってとこ、あるものね。アメリカ人だから頭がいい、カッコイイわけじゃない。その人がカッコイイからカッコイイのに。

(朝日新聞　1996年２月26日)

日本人学生にとってのアメリカ人のイメージ、ベトナム人のイメージ

〈アメリカ人のイメージ〉

かっこいい　明るくフレンドリー　自由　大きい　開放的　明るい　きれい　豊か　華やか　社交的　合理主義　現実的　力づよい　ビッグなかんじ　楽天的　サバサバしている　世界のトップ　白人・黒人　背が高くスマート　目が青い　金髪　太っている　良くも悪くもアグレッシブ　支配したがる　拳銃　権力がある　自信過剰　自己中心的　エゴイスト　遠慮がない　冷徹　こわそう　おおざっぱ

〈ベトナム人のイメージ〉

まじめ　人なつっこい　堅実　努力屋　やさしい　のんびり　静かで穏やか　地味　農業　農民　アジア　すばやい　集団的　貧しく汚い　服がボロボロ　細い　土のような　黒い　ジャングル　やせている　悲惨な歴史を持つ　出稼ぎに来ている　田舎もの　みな同じような顔　暴力的　戦争やってそう　物陰に隠れて襲ってくる　迷彩服を着た人が多そう　危険　こわい　なじみがないから何だかわからない　あまり印象がない　どうでもいい

私の授業の中で、学生たちに「アメリカ人と聞いて思いつくイメージ」「ベトナム人と聞いて思いつくイメージ」それぞれを、率直に書き出してもらいました。一般的に良いと思われているイメージだけでなく、悪いものもあれば挙げるように言いました。主なものを表にまとめてみます。

アメリカ人とベトナム人を取り上げたのは、アメリカは自他ともに認める世界の超大国であること、一方ベトナムはそのアメリカと長く戦争で戦い、ある意味で対照的なアジアの国だからです。ベトナム人を取り上げたのは、私自身が自分の研究のために、ベトナム人を比較的よく知っているという事情もあります。

アメリカ人のイメージとしては、「かっこいい」「明るくフレンドリー」など、肯定的なものが挙がる一方、「自己中心的」「エゴイスト」などの否定的なものも挙がっています。さらに「冷徹」「こわそう」といったものもありますが、全般的にはおおむね好意的なイメージを私たちが持っていることが窺えます（ただしこれは一九九九年に行った授業でのデータであり、「同時多発テロ」「テロとの戦い」「イラク戦争」といったことがその後続いたがゆえに、とくに「アメリカ人」に対するイメージは、もう少し悪い方向に変化しているかもしれません）。

一方ベトナム人のイメージは、アメリカ人とは対照的です。「まじめ」「人なつっこい」などもありますが、「貧しく汚い」「服がボロボロ」などの貧困のイメージ、「黒い」「ジャングル」などの野性的なイメージ、「戦争やってそう」「物陰に隠れて襲ってくる」などの戦争のイメージがかなり強いようです。また「馴染みがないからなんだかわからない」「あまり印象がない」「どうでもいい」といった無関心さが現れた言葉も挙がっています。

こういったイメージを書いてもらうことであぶり出されてくるモノの見方を「ステレオタイプ」と呼びます。ステレオタイプとは、特定の型にはめ込んだモノの見方、すなわち紋切り型のモノの見方のことです。私たちは、ある集団に属している人たちを、その中にも多様な人がいることを知りながら、「○○な人たち」と見なしてしまうことがしばしばあります。たとえば、○○大学の学生だったらこんな人たち、現代の女子高校生たちはこんな人たち、といった具合です。

ステレオタイプには、肯定的なものもあれば否定的なものもあります。「日本人は働きバチだ」と言われたなら、あまりいい気持ちはしないものですが、「日本人は賢くて器用」と言われたとしたら、まんざらでもないという気持ちになるものかもしれません。実はこのステレオタイプによって私たちは、面と向かった相手がどんな人であるのかを手早く理解する一助としているのです。しかし一方で、それが相手に対するレッテル貼り、いわゆる「ラベリング」ともなりえます。

ステレオタイプがとくに問題になるのは、それが事実と相当異なって、しかも否定的な方向に明らかに歪められている場合です。それはステレオタイプの中でも「偏見」と呼ばれるものです。たとえばベトナム人に対する「物陰に隠れて襲ってくる」というイメージは、ベトナムでの生活経験がある私にとっては「事実ではない」と確信を持って言うことができます。これもやはり偏見のひとつです。そのような偏見が生まれるのは、アメリカで作られたベトナム戦争関連の映画などで、そのようなベトナム人の描かれ方がされているからでしょう。

大量に放映され人気も高いアメリカ映画からは、アメリカ人の良いところに多く触れることになるでしょう。一方で、ベトナム人やアフリカ人に関する情報量は相対的にかなり少なく、あっても戦争に関連するものであったり、野生動物のものについてだったりしますから、そこから具体的で肯定的なイメージの人々の姿は、なかなか浮かび上がってこないのかもしれません。そこからどのような偏見が生まれてくるでしょうか。

私たちはこのようにして作られた偏見を、知らず知らずのうちにたくさん身につけてしまっているようです。その大きな源は、私たちがそれらの人たちと直接接して得た情報よりも、マスコミや映画などを通して得た間接的な情報です。

偏見の中身が行動として現れたものとなった時、それは「差別」と呼ばれます。差別は、その相手に非がないにもかかわらず人を傷つける忌むべき行為です。しかし私たちが知らず知らずのうちに抱いている偏見が、また知らず知らずのうちに行動にも表れて、たとえば相手に「ワタシ、アメリカ人」と自己防衛的な発言をさせたりしているのではないでしょうか。

2-3-2．狼の立場から見た赤ずきんちゃんの物語

ところで、よく知られた物語に『赤ずきんちゃん』というグリム童話があります。この物語では、森を通って赤ずきんちゃんがお婆さんに会いにいこうとしますが、それを知った狼が先回りをしてお婆さんを食べてしまい、お婆さんになりすまして、訪ねてきた赤ずきんちゃんまでも食べてしまいます。しかし訪ねてきた狩人が、眠ってい

る狼から二人を助け出し、狼をやっつけます。

私たちは物語を読んだり聞いたりするときに、おうおうにして主人公に自分を重ね合わせてみるものです。赤ずきんちゃん物語の主人公は赤ずきんちゃんですから、この物語を私たちは彼女の立場で読むことになります。お婆さんや赤ずきんちゃんを襲う狼は、当然のことながら「悪者」であり「敵」です。

この赤ずきんちゃんの物語を、あえて狼の立場から読んでみたら、どういうことになるでしょうか。狼は肉食動物です。他の動物を殺して食べるしか、生きる道がありません。その狼にとって、お婆さんを襲い赤ずきんちゃんを食べるという行為は、自然なことなのでしょう。なのに狼は一方的に断罪され、やっつけられてしまいます。『七匹の子山羊』の物語でも狼は、腹を割かれた上に石まで詰められて井戸に落ちてしまいます。何とも残酷な物語ではありませんか。

ハッピーエンドだと思っていた『赤ずきんちゃん』や『七匹の子山羊』の物語は、立場を変えて見てみると、実は残酷物語に思えてくるのです。

それにしても狼も、とんだ偏見を抱かれたものです。よく知られた物語には、このように特定の偏見の上に成り立っているものを、いくつも見出すことができます。たとえば、アンデルセンの『醜いアヒルの子』の物語では、白鳥はアヒルよりも美しい――だからアヒルは白鳥より醜い――という位置づけになっています。アヒルたちの中で醜いと思っていた自分が実は美しい白鳥だったというのは、白鳥にとっては胸のすくような物語ですが、アヒルの立場から見たらまったく異なる物語として見えることでしょう。

ところで朝鮮半島に板門店《パンムンジョム》という場所があります。一九五三年に朝鮮戦争の休戦協定で設けられたいわゆる三八度線上にあり、北朝鮮と韓国が軍事境界線を挟んで対峙しているところです。板門店はかつて北の開城《ケソン》と南のソウ

赤ずきんちゃんの物語を狼の立場から読むと……

ルとをつなぐ静かな中継地だったそうですが、ご存じのとおり、五〇年以上にわたってそこを境に分断され緊張した状況が続いています。

ここには私たち外国人も、機会をうまく作れば、北からも南からも行くことができます。私自身一九九六年夏に、市民団体ピースボートが企画する船の旅で北朝鮮を訪れ、この地を北から訪れました。またその三年後の一九九九年夏に、今度はソウル発のツアーに参加して、同じ場所を南から訪ねました。この二回の機会それぞれで、かなり異なる印象を抱きました。

南側から行った時に感じたのは〝北の脅威〟でした。非武装地帯に入る直前に米軍基地に立ち寄ることになるのですが、まずそこで北朝鮮がいかに理不尽なことをしているかという解説を聞きました。その上で板門店に行くと、すぐそこに立っている無表情の北朝鮮の兵士が、非人間的で非道な人物のように見えてきます。「マインド・コントロールされている人々なのかも」ということすら、ふと頭をよぎります。

北側から行った時にも、事前に韓国やアメリカなどがいかに理不尽なことをしているかという説明を受けました。しかし同行する兵士たちはとても友好的な態度で、記念撮影にもすぐに応じてくれたりしました。そんな雰囲気の中では、南側で身を固くして警備をしている韓国やアメリカの兵士たちが、むしろ〝脅威〟に見えてきたのです。

子どもの頃、小学校の先生などに「相手の立場になって考えなさい」と言われた記憶がある人も少なくないでしょう。でもそのアドバイスとは裏腹に、これはものすごく難しいことなのです。しかもその難しさは、単に想像力が乏しいということにとどまりません。

ピアジェは「自己中心性」という概念を使って、子どもが相手の立場で物事が判断できないことを説明しました。子どもは、自分が見たり感じたりしているのとまったく同じように、他の人が見たり感じたりしているというのです（物さえも、たとえば机を叩けば「痛い」と感じるだろうと子どもは考えるといいます。このような物体にも生命が宿っているという考えを「アニミズム」と呼びます）。もちろん成長していくにつれて、人はそんな状態から脱していきます。そして一応は「相手の立場になって」物事を考えることができるようになっていきます。

ピアジェの言うこの自己中心性を「一次的自己中心性」と呼ぶ研究者がいます。「相手には自分とは異なる立場がある」ということを理解できないのが一次的自己中心性であり、さらにその先があると言います。「相手と自分は、立場が違うだけでなく、モノの見方や感じ方が違う人物である」ということを理解できていないのが「二次的自己中心性」だという指摘です。

その考えに従ってみると、私たちが成長して脱してきたのは、確かにこの一次的自己中心性です。「相手には自分の立場とは異なる立場がある」ということまでは、私たちは理解しています。しかしそこでは、相手の立場に自分を置いてみるという形でしか理解していないことが多いのです。「自分だったらこう考えるのに……」「自分だったらこう振る舞うのに……」というように。

しかし、これは二次的自己中心性を脱した考え方ではありません。論語の「己の欲せざるところ、人に施すことなかれ」や、聖書の「自分がしてもらいたいように、人になすべし」というのも、実は二次的自己中心性の段階にとどまった考え方なのかもしれません。自分がほしくないものは相手もほしくないのだろうとか、自分がしてほしいことは相手もしてほしいのだろうとかという考えが、暗黙のうちに前提とされているからです。よく考えてみれば、自分がしてほしくないことを相手は欲しているかもしれず、自分がしてほしいことを相手は望んでいないかもしれません。

先に私は、狼の立場から見たら『赤ずきんちゃん』の物語は残酷きわまりないと書きました。「自分が狼だったらこんなひどい目に遭ってたまらないと思うだろう」と想像して書いたものです。しかし実はこれもまた、二次的自己中心性にとどまった捉え方なのです。狼と私とは考え方も感じ方もまったく違うのかもしれないからです。

2-3-3．なぜ偏見を抱くのか、なぜその解消が難しいのか

自分が所属している集団を「内集団」、それ以外の集団を「外集団」と呼びます。偏見や差別の対象になるのは、通常は外集団の人々、つまりは自分が所属していない集団の人々です。外集団の人々は、その一人ひとりの顔が見えず、みなおしなべて同じだと見てしまいがちです。その上、よく知らないのに、「あんな人たち」といった見方をしてしまうことが多いようです。そのように外集団の人々を一段低く見ることによって、自分および自分が所属している内集団の人々を一段高く見ようとする傾向のことを、「内集団びいき」といいます。そうした中で、ある種の自己満足を私たちは得たりするものなのでしょう。内集団びいきが民族の問題となると、それは「自民族中心主義（エスノセントリズム）」と言われるものになります。

また人は、自分や他者の行動の原因が何なのかということをしばしば考えます。内集団の人々の良い行いは、自分たちの能力の高さや性格の良さなど内的要因のためだと考える傾向があります。逆に悪い行いは、たまたま運が悪かったとかいった外的要因のせいにしてしまうことが多いものです。一方外集団の人々の悪い行いは、彼らの能力の低さや性格の悪さなどの内的要因のためだと考え、良い行動は、例外であるとかたまたま運が良かったなどと外的要因のためだと考えがちです。自己や他者の行動の「原因帰属」には、このような歪みが生じがちです。

そのような歪みが生じていることに気づきにくい私たちにとって、それゆえに他民族の人々に対する偏見を解消

することは、かなり難しいことになってしまうのです。単に相手に対する知識を与えられるだけでは偏見はなかなか解消しません。頭では理解できても、身体ではなかなかわからないものなのです。

2-3-4．文化の相違についての理解へ

中国事情にも詳しい発達心理学者の山本登志哉さんは、「謝罪の文化論――対話の中のアイデンティティー生成を目指して――」という小論（『心理学ワールド』No.15）の中で、次のように書いています。

あるとき、私の共同研究者で神戸大学の大学院に在籍する中国籍朝鮮人の片成男さんとのあいだに、こんなことがあった。そのとき、私は緊急に片さんにFAXすべき書類があった。だが彼の周囲に肝心のFAXがない。いろいろ方法を考えたがどうにもならず、最終手段として、既に帰宅されていた寮母さんに無理をお願いし、寮母さんのご自宅のFAXを使わせていただくしかないということになった。

もちろんこの手段は私にとって大変に気が引けるものだった。なぜなら寮母さんの自宅という、完全に私的な領域に、寮生の個人的な要求を強引にもち込むことになるからである。そこで私は片さんに「本当にご迷惑をかけたと、よく寮母さんに謝っておいて」と繰り返し頼んだ。ところがそういう私の配慮が、片さんには強い違和感を生んだ。「なぜ〈ありがとう〉ではなく、〈すみません〉なのか」というのである。これまで合わせれば一年以上中国に暮らしたことがあり、中国人とのつきあいも少なくない私も、言われてはじめてなるほどと思った。

今回の寮母さんへの要求が「(多少なりとも)無理なお願いであった」という点はお互いに認識が一致する。その無理をあえてお願いしたことについて、私は「申し訳ない」と思う。それは非常事態でやむを得なかったことであり、基本的にそういうことは繰り返してはならないと考える。ところが片さんはその無理をきいてくれたことについて「ありがたい」と心から喜んでいる。困ったときにお互いに助け合うような信頼関係がそこからできると考えるのだ。

振り返って考えてみるに、確かに私たちは「すみません」という言葉を、日常的に多用しているのかもしれません。本当は何も「すまない」ことはないのに、「すみません」と言うことで、相手からの反発を最初から回避しようという態度を取っているようにも見えます。本当は「ありがとう」と言えば、その方が気持ちのいい関係が築けるかもしれないにもかかわらず。

ただし、山本登志哉さんは続けて、電車の中で足を踏まれた側も「謝罪」することを例に挙げつつ、「この例に示される日本人の対立解消法は、ある意味では非常に成熟したものであろう。なぜなら、たとえ一見すれば加害と被害の差が明確である事態でさえ、一方的にどちらが悪いという判定を下すことを避ける態度がそこにはある。それは相手の人格を最後まで否定せずに関係を修復しようという穏やかな態度でもある」と論じています。しかし、それが中国人にはなかなか理解してもらえないことから、逆に「(戦争時の歴史認識の問題に関連して)いつまで土下座させれば気が済むのか」という発言が日本人の側から出てきたりするといいます。

「謝罪」ということひとつとっても異なる文化的なルールが根底にあるということを理解できると、相手に対する無用な偏見は、さしあたり抱かなくてすむのかもしれません。そのような境地にまでいくためには、どんな手立てが有効でしょうか。

それには、単に知識として相手のことを知るというだけでは十分ではなく、同じ目標に向かって一緒に何かをしてみることが有効であると言われます。その他にも、ある映画を一緒に鑑賞し、それについてともに語りあうという方法があります。後者は、山本登志哉さんと私が中心になって始めたもので、その方法を「円卓シネマ」と呼んでいます。「円卓」とは丸いテーブルであり、そこに座る人たちに上下関係は基本的にありません。

映画には、通常多くの文化的な情報が組み込まれています。異なる文化的背景を持った人が、それを同じように解釈するとは限りません。自分が感動した場面を、相手は何とも思わないかもしれず、自分が面白くないと思った場面に、相手は気持ちを揺さぶられるかもしれないのです。円卓シネマの議論の結果生まれるのは、相手に対する比較的単純な理解だけではなく、相手と自分が何についてわかりあえていないのかについての理解でもあります。

その境地に踏み込んだ時に、私たちは文化的に内向きの姿勢から一歩抜け出せることができるのでしょう。二次的自己中心性から脱することは容易ではありませんが、そのような問題があることに気づいていることも役に立つと思います。排外主義的なものの見方は、相手から自分自身にも向けられることがあることに気づいた時に、自分の立場に根ざしつつも、その立場だけに固執しないモノの見方ができていくのではないでしょうか。

＊〈読書案内〉＊＊

岸田秀　一九八二『続ものぐさ精神分析』中公文庫（中央公論社）：本文で紹介した「自己中心性」はピアジェが提唱した概念ですが、「一次的自己中心性」「二次的自己中心性」は、本書で紹介されている概念です。著者は異端の心理学者。「性格について」など、興味深い論考が多数あります。

山本登志哉・伊藤哲司編著　二〇〇五『アジア映画をアジアの人々と愉しむ——円卓シネマが紡ぎだす新しい対話の世界

――』**北大路書房**：日本・韓国・中国・ベトナムの全五十九人で執筆されたこの本には、四つの国の四つの映画をめぐる議論が具体的に展開されています。円卓シネマという方法をそこから学び、実践してみることもできるでしょう。

＊〈議論してみよう〉＊＊

円卓シネマの方法を応用し、何か映画をひとつ取り上げ、みなで一緒に鑑賞し、その映画の内容について率直に語りあってみましょう。留学生や年代が異なる人などが交じっていると、なおよいと思います。そして、そこで明らかになるであろう感想の差異がどうして生まれてくるのかについても議論してみてください。

2-4. 男女平等は実現されている？
――ジェンダーという観点――

話がそれてばかりですが、私をフェミニストだと言う友人も、先ほどの（「これからは女性がどんどん社会で活躍して、男性は家庭に入る時代だ」と言った）女子学生も、夫婦別姓を許さない国会議員たちも、同じルーツを持っているわけです。それは、男女の役割を画一的に捉えているということです。いろんな家族があってそれでいいと思うんです。それが当たり前なんです。そういう、多様性を認めないところがいじめの問題にもつながるんです。このことは、とても根の深い日本社会の病だと私は感じています。

（矢澤政義「〝主夫業〟というもの」）

2-4-1. 育児は女性がするべき？

「女性には子育てをするという本能が生まれつき備わっている。子どもへの影響を考えても、育児は女性中心に行うのが好ましい」。このような意見に対して、みなさんはどのように感じるでしょうか。

このような意見を受け入れる人は、とくに男性を中心に少なからずいるのではないでしょうか。

一九九九年に厚生省が「育児をしない男を、父とは呼ばない」というキャッチフレーズを明示したポスターを作成して話題になりました。その時、国がこのようなポスターを作ったことを歓迎する声が上がる一方で、「男にも都合がある」と抗議した男性政治家がいました。いずれにしてもこのようなキャッチフレーズが反響を呼ぶということは、「育児は女性の仕事」という発想と実態が私たちの社会に根強くあることを示しています。

「子育てをするという本能」が女性にあるとする冒頭の意見は、「母性神話」と呼ばれます。「母性」とは、子どもを身籠もり出産するという生物学的な女性の特性も指しますが、同時に、子どもに対するいたわりの行動を生み出す慈悲の心をも指します（一方「父性」は、権威や力強さの象徴であり、子どもと積極的にふれあう人間的な優しさなどを指します）。子どもを産むことは女性にしかできませんが、「子どもに対するいたわりの行動を生み出す慈悲の心」が女性に特有であるということについては、少なくとも心理学的には根拠がありません。

フリーライターの佐藤万作子は、著書の中で次のように書いています。

> 彼ら（筆者注：重大な殺人事件を引き起こしたとされる容疑者）の父親は、妻に暴力をふるい（ドメスティック・バイオレンス＝ＤＶ）、育児放棄（ネグレクト）などの形で子どもを虐待したが、彼らは父親を責めることはしていない。それは、「子育て」は母親がするものだという「母性神話」が、この社会のなかにしっかりと根を張っていることと無関係ではない。二〇〇一年一月一五日付け朝日新聞夕刊の「素粒子」は、鳥取の赤ちゃん誘拐事件の解決を喜ぶなかで「子を奪われた母の思い、傷の深さを思う」と書く。子を奪われたのは父も同じだが、「父の思い」、あるいは「両親の思い」とは書かない。それほど母と子は一対と見なされている。

「母は私を愛してくれなかった」と、子どもが母を恨みに思う背景には、そうした母性神話がある。母親というものは、どんなときにも子どもを無条件で受け入れるものだというこの神話は、「母親らしくあらねばならない」と母親を縛り続ける。その一方で、子どもに「私の母は母親らしくない」と不全感を植えつける。
(佐藤万作子『虐待された子どもたちの逆襲――お母さんのせいですか――』明石書店)

「母性神話」と一緒によく語られるのが「三歳児神話」です。これは「子どもは、三歳までは家庭で母親が育てないと、その後の子どもの成長に悪い影響を及ぼす」というものですが、これも根拠のはっきりしない説です。おそらく「三つ子の魂百まで」(三歳児の頃のような幼い時の性質は歳をとっても変わらない)という経験的な内容を表すことわざが関係しているのでしょう。そこに「母親がそれを担うべき」というものが後から加わったものと思われます。「早期教育が大切」とか、「小学校に上がってからでは手遅れ」とか、そういった情報が、またさらに母親となった女性たちを縛る結果になっているのかもしれません。

比較的よく知られているように、生物学的な意味での女性・男性を指す「セックス」という言葉に対して、社会文化的に作られていく女性性・男性性のことを「ジェンダー」と呼んで区別しています(ここでは立ち入る余裕がありませんが、自らのセックスとジェンダーが一致しないという人もいます)。セックスとしての女性しか子どもを産むことができないというのは生物学的な制約ですが、ジェンダーは後天的に形作られるものですから、「子どもに対するいたわりの行動を生み出す慈悲の心」という母性を獲得する男性がいてもおかしくありませんし、逆に「子どもと積極的にふれあう人間的な優しさ」という父性を発揮する女性がいてもおかしくありません。

しかし口では男女平等を言いながらも、「男は仕事、女は家事」という発想から、多くの人が抜け出すことができないでいるようです。「育児休業、介護休業等育児又は家族介護を行う労働者の福祉に関する法律(育児・介護休業法)」(一九九三年制定・その後いくどか改訂)では、男女に関係なく子どもが一歳まで仕事を休める権利を規定していますが、育児休業取得率は近年男女とも上昇しているものの、二〇〇七年度で女性が八九・七％の取得率であるのに対して、男性は一・六％にとどまっています。男性がなお育児休業をなかなか取らない（取れない）実態があるようです。

2-4-2. 母性神話の形成

そもそも「育児は女性がするべき」という考えは、古今東西普遍的なことではありません。日本でもかつては、実母とは異なる乳母がいたり、あるいは育児を祖父母や兄弟姉妹がかなり担っていたりもしたようです。もちろん育児は女性の本能ではありません。

明治時代からの富国強兵策の中で、女性は国を支える子を産み育てる役割を担わされるようになりました。女性は「軍国の母」とされ、良妻賢母が女性としてのあるべき姿となりました。また女性自身も、むしろ家庭内における母の役割を強調し、社会での女性の位置づけを自ら「妻」や「母」に位置づけたといいます。それが国民の一人としての価値が認められることにつなげられていました。またこのころは、現在のように自由恋愛の時代ではなく、結婚に関しても親の発言権が強く、夫婦愛がやや稀薄だった分、母親の情動的なエネルギーが必然的に子どもに向けられていたという指摘もあります。これらの動きが、戦後の固定化された「性役割」の基礎となっていきます。

戦後の高度経済成長期においては、「男は仕事、女は家事」という構図は、経済成長の推進のためにはまことに都合のよいあり方でした。戦後の復興を図り、経済成長を遂げるためには、「働きバチ」として献身的に働く労働力が必要であり、主に男性がその役割を担うことになりました。一方女性たちは、そのような男性たちが朝から晩まで外で働いても家庭を保つことができる「内助」としての役割が社会的に望まれるようになりました。そして多くの女性たちが、結婚や出産をすると仕事を辞め、いわゆる専業主婦になっていきました。

それゆえにこの時期に結婚し子育てをした世代の男性たちは、「男子厨房に入らず」で料理を作る経験がほとんどないとか、その他の家事もほとんどやらず妻任せであるとかといった人たちが少なくないようです。仕事一途に生きてきた男性が定年退職を迎えて生き甲斐を見失うことがあるとよく聞きますし、夫に先立たれた女性より、妻に先立たれた男性のほうが余命が短いというデータもあります。

しかしなお「女性は産み育てる性」という意識は男性側には根強いようです。石原慎太郎東京都知事は二〇〇一年、「文明がもたらしたもっとも悪しき有害なる物はババァなんだそうだ。女性が生殖能力を失っても生きてるってのは、無駄で罪です」と話し、森喜朗元首相も二〇〇三年、「子どもをたくさん作った女性が、将来国がご苦労様でしたと言って、面倒を見るのが本来の福祉です。ところが、子どもを一人も作らない女性が、好き勝手、と言っちゃ何だけど、自由を謳歌して、楽しんで、歳をとって……税金で面倒見なさいと言うのは、本当におかしいですよ」と発言して物議を醸しました。さらに柳澤伯夫元厚生労働相も二〇〇七年、少子化問題に触れる中で、「産む機械っちゃあなんだけど、装置がもう数が決まっちゃったと。機械の数・装置の数っちゃあなんだかもしれないけれども、そういう決まっちゃったということになると、後は一つの、ま、装置って言ってごめんなさいね。別に、この産む役目の人が一人頭で頑張ってもらうしかないんですよね、みなさん」と発言し、多くの批判を浴びました。

このような母性神話に基づいた女性蔑視は、一部の政治家のものとすることはできません。若い学生たちの間にも、「母性神話」をそのまま踏襲するような意見が見られるのです。

2-4-3．学生たちの結婚後観

私が担当する授業で学生たちに、「将来自分が結婚したらパートナーとどのような関係で仕事・家事・育児などをやっていきたいと考えているか」について書いてもらいました。何人かの学生の意見を紹介します。まず男子学生の意見を見てください。

＊古い考え方（男は仕事、女は家事）は、はっきりいって男が面倒なことを女に押しつける考え方だと思う。（中略）仕事（給料）も家事も均等に受け持つべきだと思う。男女差別にしがみつくのは、自分が女性よりも劣っているのを認めたくない臆病者なのではないだろうか。

このようなジェンダーに関して意識の高い意見を書く男子学生は、けっして多くはありませんでした。むしろ固定的な性役割観に基づいていると見られる意見のほうが多数を占めています。

＊やはり基本は、男が稼ぎ、女の人が家事という形が一番理想的ではないだろうか。よほど特殊な仕事でない限り、男のほうが高い給料をもらえるわけなので効率がいい。

＊自分は、自分が働いて妻が家事をしてもらいたい。相手の意見ももちろん尊重するが、できれば仕事から帰ったら妻におかえりなさいと言われたい。妻を独占したいという願望があるのだと思うが、正直、働きに出てもらいたくない。

＊僕としては女性は結婚後は働かないで欲しい。男が夜遅くまで働き、女性は家を守っている。そして男が仕事から帰った。「今帰ったよ～」。女性がエプロン姿で玄関に行き、「おかえりなさ～い。遅かったのね。ご飯にする？　それともお風呂？」……な～んて言うのが、昔からのあこがれなのです。

また育児に言及しつつ母性本能の考え方をほぼそのまま述べている意見もいくつか見られます。

＊もし自分に子育てができるのかと言われると、自信がない。というか、子どもの事を思えば、やはり女性に育てられるのが一番なのではと思う。女性には母性本能なるものもありますし。

＊奥さんには自由なことをやっていてもらいたいが、自分が専業主夫になるのは恥ずかしい。奥さんと自分が共働きすると、子どもの教育によくないと思う。

＊男は外、女は内でいいと思います。みんなもう子どものころからそういう方針で教育されているし。体の構造的にも適している。育児の知識を習ったことがない男に子どもを預けても意味がない。

一方女子学生が書いたものからは、これらとはかなり質の違った考えが窺われました。

＊私は結婚したら、家事は女がやるものというのは嫌だ。（中略）家事は分担して、女性の負担を軽くするべきだと思う。男女平等を考えるなら、こういう家庭内からはじめるのが大切かもしれない。

＊ジェンダーによって、外で働きたい女性の道を閉ざすような社会は、これからの時代には不適だ。かといって、必ずしも女性全員が外で働きたいと思うことはないと思うので、どんな考え方の人でも生きやすいよう、

画一化せずに広い見解でジェンダーを捉える社会になってほしい。

＊今のところ私は結婚しても仕事というかやりたいことは続けたいと思っているので、一般にいう家事は、できる限りは自分がやりたいと思っているが、困っている時はだんなさんにやって欲しいと思っている。（中略）やっぱり男の人が「家事は女がやるのが当たり前だ」と思っているとムカツクし、許せない。

また、自分が働き続けるためには結婚をしないこともありうると考える人もいます。

＊私は家事も育児も分担して、自分も働き続けたいと思っている。でも企業の中では結婚しているからということで差別されたりすると聞いているし、男性の中には「男は仕事、女は家庭」という考え方の人もいるだろうから、私は結婚せずにずっと働き続けたいと思っている。

それらの一方で、固定的な性役割観を、むしろ自ら引き受けるとする意見も、案外たくさんありました。

＊最近女の人は家庭に入らず、仕事を続けたり、男の人が家事をしたりする傾向がでてきているが、私は専業主婦になりたい。私の家庭が、父親が亭主関白な感じで、とてもうまくいっているので、私も将来、こういう家庭を築きたいと思う。

＊今は結婚して女性は家事で男性は働かねばならないということは少なくなったと思います。しかし女の立場から言わせてもらうと、夫が家に帰った時は女は必ず家にいるべきだと思います。（中略）家に帰り、温かいご飯と心通える妻がいたら、またがんばろうという気になることでしょう。

＊今、平等の時代という事で、外に出て仕事を続けたいという人もいますが、私の中で、子どもができて家庭に入って子育てをするという事は、幸せな事だと思うので、喜んで私は家庭に入るつもりです。

男子学生のみならず一部の女子学生も、けっこう因襲的な考えを抱いているようです。これらの意見を読んでどんなことを感じますか。またあなたなら、結婚後のパートナーとはどんなふうにやっていきたいと考えるでしょうか。

2-4-4．男女平等参画社会に向けて

男女平等参画社会を実現していくことの必要性がよく主張されます。セックスによる生物学的な相違はあれども、ジェンダーという社会文化的な違いということによる不平等が生じないような社会の実現が求められているということです。確かに、戦前のように男性にしか選挙権が認められていなかった時代に比べたら、制度的な男女平等はずいぶん進みました。たとえば公務員であれば、男女による待遇の違いはないことになっています。女性が自治体の首長を務めるということも、珍しくありません。

しかし私たちの意識が、それに追いついているかと問われると、はなはだ心許ないところがあるのではないでしょうか。私自身も、自分の子どもが生まれた時に、育児休業を自分が取得するということはしませんでした。実際に子どもが生まれ、しばらく家事をほぼ全面的に請け負ったことがあったのですが、仕事と家事を両立させることに疲れ切ってしまった記憶があります。かといって育児休業を取ることには、どこか心理的な抵抗感があったのだと思います。ですから私は、胸を張って「男性も育児休業を取るべき」と、主張できる立場にはありません。育児

休業を取った男性の同僚がいて、ひそかに喝采を送っているような次第です。

女性で、自ら進んで主婦になりたいという主張があれば、それはそれで尊重されるべきものかと思います。しかしそれが、何に由来しているのかを、一度は考えてみてもいいように思います。時代や社会の要請を、そのまま受けている考え方なのかもしれません。実際に、いわゆる「家庭に入る」ということは、思った以上に大変な負担を背負い込むことにもなるようです。子どもができて家庭の中で親子だけの時間を長く過ごすということが負担になり、それがもとで子どもへの虐待などに至ってしまうこともあるのでしょう。「主婦」という役割は、外から見ているよりも、ずっと大変なものなのかもしれません。

男女がお互いの意見を尊重して、というのはもちろん必要なことです。しかし、それを本当に実行していくことは口で言うほど容易ではないということに気づき、それをまた出発点にせねばと思います。ある企業の人事担当者（四〇歳代と思われる男性）は私に、「男女雇用機会均等法ができましたけど、私はあれに反対です。転勤があった時に、それについていく男がいますか？　あれは明らかに社会や企業の実態に合っていないのです」と力説しました。「それについていく男がいる」かどうか、現実を考えると思わず首肯せざるをえない気持ちにもなるのですが、しかしやはりそのままの現状をよしとしてはいけないと思うのです。

私の職業である大学教員も、なお男性の方が圧倒的に多いというのが現実です。日本では結婚をするとひとつの姓を名乗ることになっていますが、多くの場合それが男性の姓となります。自分の姓を結婚しても変えたくないという声を受けて夫婦別姓を認めましょうという意見に対し、一方で「家族が崩壊する」といった理由で根強く反対する意見もあります（しかし、「できるだけ女性の姓にしましょう」といった意見は聞かれません）。男女の役割を画一的に捉えるのではない議論の展開と、そのことを踏まえた男女平等の実質化が必要なのではないでしょうか。

＊〈読書案内〉＊＊

青野篤子・森永康子・土肥伊都子　二〇〇四『ジェンダーの心理学〔改訂版〕――「男女の思いこみ」を科学する――』ミネルヴァ書房：「女性」や「男性」に関する思い込みの源や、その思い込みがもたらしているものについて、社会心理学の立場から興味深く論じています。編著者はみな女性の心理学者です。

財団法人日本学術協力財団　二〇〇一『男女共同参画社会――キーワードはジェンダー』日本学術協力財団：ジェンダー等の研究をしている多くの研究者が、男女共同参画の現状について分析し、今後の展望について総合的に論じている一冊です。

＊〈議論してみよう〉＊＊

夫婦別姓については、長年議論がなされています。賛成論・反対論それぞれの論拠は何なのか、よく調べてみてください。そしてそれらを踏まえつつ、自分自身はこの問題についてどう考えるのか、同世代の同性・異性の友人たちと議論してみてください。自分とは異なる立場にも、しっかり耳を傾けてみてください。

3. 心理学と科学の常識

　近年、「心の問題」を抱える人が少なくないようです。「トラウマ」「心のケア」といった言葉も、すっかり日常的に用いられるものになりました。心理学は科学のひとつだと言われますが、それに対して大きな関心が寄せられているようです。

　カウンセラーの存在が学校や社会の中で定着したようでありながら、なかなかそれが実質的に機能していないようにも見えます。心理学が読心術であるかのような誤解が、なお抱かれてもいるようです。心理学の実像は、どこまできちんと理解されているでしょうか。科学としての心理学の側にも、問題がありそうです。

　「3．心理学と科学の常識」では、心理学と、それを包含する科学についての常識を疑ってみましょう。

3-1. 血液型によって性格は異なる？

—性格の状況論的な捉え方—

要するに、鉄の固いとか錆びるとかの性質と同じような意味での客観的実在として、人間の性格というものは存在しているのではないのである。性格とは、当人の内側にあるものではない。したがって、性格を当人の内側にある血液型とか、リビドーとか、体格とかに関連づけようとするあらゆる企ては無意味である。当人のほんとうの性格なるものが、彼の心のなかのどこか隠されたところにあって、彼をよく知るようになればなるほど、それがわかってくるといったものではない。玉ねぎの皮をむくのと同じで、どこまでいっても「芯」には突き当たらない

（岸田秀『続ものぐさ精神分析』中公文庫）

3-1-1. 日本でもっともよく知られた「性格の理論」は？

心について考えたことがないという人がおそらくいないように、性格について一度も考えたことがないという人も、まずいないことでしょう。「あいつは○○な奴だ」とか「あの人は△△なところがあるから」とかといった話はしばしばしますし、自分自身の性格がどうなのかということが気になる人も多いでしょう。私たちは各々みな個性があって、それぞれに特徴的な固有の性格がある——それが私たちの常識です。

ところで専門家ではない人たちがある程度共通して持っている、相応に体系だった考え方のことを「素人理論」と呼びます。素人理論は、必ずしも「誤り」とは限らず、それなりに生活の中で役に立つこともあります。性格についても、素人理論がいくつも存在しています。

素人理論まで含めるならば、日本においてもっともよく知られ多くの人に共有されている性格に関わる理論は、間違いなく血液型性格判断説でしょう。「×型は○○な性格」といった話を一度も聞いたことがないという人は、いないと思います。好むと好まざるとにかかわらず、この話題につきあったことは、一度や二度ではないでしょう。

血液型性格判断で問題にされるのは、基本的にA型・B型・O型・AB型という四つの型です。血液型の分類は、医学的には実に多様な仕方があるそうですが、私たちが通常知っているのはこの他にRh±の違いぐらいで、ABO式の血液型以外が性格と結びつけられ語られることはまずありません。日本人の多くが自分のABO式の血液型を知っています。そして雑誌やテレビなどから流れてくる情報をもとに、自分の性格や相手の性格、それに自分と相手の相性などを話題にしたりしているのでしょう。

この血液型性格判断の話題は、すっかり私たちの間に定着した感がありますが、血液型で性格が異なるという考え方は、いつごろどこで始まり、どのように広がっていったのでしょうか。

そもそも血液に「型」があるという発見がなされたのが、約一〇〇年前のことです。一九〇〇年、ウィーン大学のラントシュタイナーという学者が、初めて血液型なるものを発見しました。人類の歴史の中で、血液型の存在がわかったのは、歴史的にはまだごく最近のことです。それゆえ、一九世紀以前に「×型は○○な性格」という話をした人は誰一人いませんでした。

その後一九一四年に、ドイツから帰国した原来復《きまた》が、日本に血液型の考えをもたらしました。それを知った古川竹二という学者が一九二七年に、「血液型による氣質の研究」というタイトルの論文を『心理学研究』という学術雑誌（日本心理学会が出している雑誌で、現在も発刊が続いています）に掲載します。血液型によって人に特徴があると経験的に考えていた古川が、データを集めてその関係を論じました。実はこれが、現在の血液型性格判断説の大本です。

しかし古川の研究で使われたデータは非常に不完全なものでした。その後古川の説は学界でも否定され、話は下火になります。しかし戦後の高度成長期にそれを復活させたのが能見正比古《のみまさひこ》という作家で、能見が一九七一年に出した『血液型でわかる相性』（青春出版社）という本はベストセラーになりました。古川の説をうまく活用して、それを「相性」に関連づけ現代風にアレンジして発表したのが、大いに人々に受け入れられました。

その後能見は続けざまにいくつもの本を出し、雑誌などでもこの話題が取り上げられるようになっていきます。一九八一年に能見が亡くなると、堰を切ったように関連の本や雑誌記事が増えました。能見の息子である能見俊賢《としたか》も活躍し、一九八〇年代は、バブル経済が膨らんでいくのと同期して、血液型性格判断説は一気に日本社会に浸透していきます。

一九九〇年代に入ると、「ココロジー」（日本語の「心」と心理学を意味する「サイコロジー」を掛けあわせた造語）などの心理テストが流行ったり「動物占い」がウケたりするなどして、血液型性格判断はかつてほど雑誌などで取り上げられなくなります。しかし時おり思い出したように血液型が一般雑誌で取り上げられ、日本社会の常識としてすっかり定着していきました。

二〇〇〇年代もあまり状況に変化はなかったのですが、二〇〇四年になってなぜかこの関連のテレビ番組が急に増えました。ブームの再燃というべきか、根強い人気があるということにテレビ局があらためて気づいたということなのかもしれません。近年、血液型別の「自分の説明書」なるものが、ベストセラーになったりもしています。

以上からわかる通り、血液型性格判断はほぼ日本だけのものであり、海外ではほとんど通用しない話題です（ただし韓国などにも一部は広がっているようです）。たとえばアメリカでは、自分自身の血液型を知らないという人も多いと聞きます。なぜ日本でこれが広まったのか、もちろん古川がいて能見がいたということが大きいのですが、やはりその考えを受け入れる土壌があったということでしょう。

日本人は見かけ上、比較的均質です。肌の色も顔つきも、お互いよく似ています。そのように均質な日本人を分類するのに、比較的馴染みのある血液型というのは、非常に好都合だったのでしょう。2-3で触れた通り、日本は国籍取得に関して血統主義をとっています。「血筋」「血統」「血縁」「血族」などの言葉からわかるように、「血」を重視する発想は、もともと日本人の間にあったものと思われます。

3-1-2. 血液型性格判断説を否定する心理学者の論理

心理学においても性格は重大な関心事です。この血液型性格判断説について心理学ではどのように考えられてきたのでしょうか。

心理学では、個人の性格を把握するために、数多くの性格検査を開発してきました。それらには、質問をしてそれに「はい」「いいえ」などで答えさせる「質問紙法」によるもの（Y-G性格検査など）、数字の足し算など単純な課題をさせて、そのパフォーマンスの揺れを測る「作業検査法」によるもの（内田クレペリン検査など）、インクの染みなどを見せてそこに何が見えるかを判断させる「投影法」によるもの（ロールシャッハテストなど。1-4参照）があります。これらは一般雑誌によく載っている遊びの要素が強い「心理テスト」の類とは違って、「標準化」と呼ばれる手続きを経てその「妥当性」(捉えようとしている概念をきちんと捉えているということ)や「信頼性」(繰り返しても同じような結果が出せるということ)が確認されています。これらを適切に使えば、個人の性格は相応に把握できると考えられているわけです。

それならば、これらの性格検査を多くの人を対象に実施し、そこで把握される性格が血液型ごとに異なるかどうかを調べてみることが考えられます。質問紙法を使って把握された性格特性を血液型ごとに比べてみた研究が実際にあります。それによると、血液型ごとに性格が一貫して有意に異なるという傾向は認められませんでした。これをひとつの根拠にして心理学では、「血液型と性格の関係はあるとは言えない」と結論づけています。

しかし、どうもすっきりとしていません。血液型性格関連説の肯定論者は、こう言うでしょう。「もっと別の性格検査を用いれば『関係がある』という証拠は見つかるはずだ」と。確かに性格検査を用いた検討からは、「血液型と性格の関係はあるとは言えない」ということしか言えず、「血液型と性格の関係はない」とは断言できないのです。

そもそも何かが「ない」ということを証明するのは、対象が有限集合(含まれる要素が有限)ならば可能ですが、無限集合(含まれる要素が無限)である場合は、論理的に不可能なのです。たとえば「白いカラスはいない」という命題を証明することは、現在生息しているカラスに限定すれば可能ですが(実際にできるかどうかは別として世界中のカラスを同時にすべて調べてみればよい)、カラス一般に広げてしまうと、現時点でいなくても昨日死んだカラスの中に白いのがいたかもしれず、また明日生まれてくるかもしれず、証明は不可能になってしまいます。一方何かが「ある」ということの証明は、そのような事例をひとつ見つければ(白いカラスを一羽見つければ)すみます。しかし「ない」

の証明は、きわめて難しいのです。

血液型性格判断説の当否を性格検査によって検討しようとしている限りにおいては、「関係ない」という結論には達しません。実は、否定派の立場をとる心理学者には、重大な見落としがあると思われます。それは「性格検査で性格が相応に把握できる」ことを自明の前提としてしまっていることです。性格とはそもそも何なのか、そのことが問われていないのです。

3-1-3. 性格とは何か

そもそも性格とは何なのでしょうか。性格検査によってそれは、きちんと把握できるのでしょうか。

性格は通常、個人各々の属性のひとつであると考えられています。性格は、個人の内側にあって、その人の態度や行動を決定していると想定されています。また性格は、遺伝と環境によって作り上げられ、通常はそれなりに安定しており、容易には変わらないものとされています。これが「性格の素朴実在論」と呼ばれる考え方です。これが多くの人の常識であり、また性格検査を開発してきた心理学者の多くもまた、そのようなものとして性格を捉えてきました。

もし性格が個人の内側にある何らかの実体だとしたら、それは目には見えませんが、性格検査によってそれを測定することができるのかもしれません。性格検査はもともと、個人の内なる性格を測るために開発された道具です。

しかし性格は、そのような個人の内側にある何かなのでしょうか。たとえば友達と一緒にいる時の自分と、家に帰って親と過ごしている時の自分は同じでしょうか。飲み会ではけっこう羽目を外すのに、家ではそんな姿をけっして見せないといったことはないでしょうか。友達に思われている自分の性格と、親に思われている自分の性格には、かなり違いがあったりするのではないでしょうか。

性格のナゾ
同じ人の性格が見る人によって違って見えるのは……？

人は状況によって振る舞いが大きく変わることがあります。「自分はあくまで自分」には違いありませんが（その自己の一貫性が「人格」と呼ばれる部分です）、私たちは他者の振る舞いからその人の性格を推し量るのが常で、他者から見た性格はひとつとは限りません。状況によって性格が変わる……これをどのように考えたらよいのでしょうか。

素朴実在論に立場にたてば、性格は人の内側にある何かということですから、状況によって振る舞いが変わるのは、性格そのものが変わったというのではなくて、状況によって性格の現れ方が変わったのだということになります。「人思いで優しい」性格の人も、状況が変われば「自分勝手でわがまま」な性格になったりするのは、「人思いで優しい」性格と「自分勝手でわがまま」な性格が、その人の中で同居しているためだと考えられます。また「明るくて社交的」な性格だった人が時を経て「暗くて人見知りする」ようになるのは、何らかの要因でその人の内的な性格が変化したか、あるいはもともと潜在していた「暗くて人見知りする」性格が顕在化してきたためということになります。

しかし、こんなふうにも考えることができます。性格はそもそも人の内側にある何かではなく、状況の中で立ち現れるものである、と。

ミッシェルという学者は、同じような状況での性格の一貫性はおおむね保たれるものの、状況を越えた性格の一貫性は意外と乏しいことを指摘し、性格と状況は、本来切り離して考えることができないと指摘しました。このような、状況の中で性格が立ち現れるという考え方を「性格の状況論」（あるいは状況と個人の相互作用という意味で「相互作用論」）と呼びます。

ここで言っている状況というのは、いわゆる物理的な状況とイコールではありません。私たち自身も状況の一部を成しています。目の前にいる人も状況の一部ですし、その場にいる私自身もまた状況の一部です。言い換えれば私たちは、常に何らかの状況を作り出し、その中に埋め込まれて生きているわけです。このような状況から抜け出して振る舞うということは本来的にできません。

そのような状況の中で個人の性格というのは立ち現れる——一見分かりにくい考え方のようにも思えますが、この方が実は、私たちが性格と呼んでいるものを無理なく説明することができます。性格なる目に見えないものを、個人の内側の何かというように仮定する必要がないからです。先述の「人思いで優しい」「自分勝手でわがまま」「明るくて社交的」「暗くて人見知りする」といった性格はすべて、ある状況の中で立ち現れたものだと考えることができるでしょう。私たちは基本的に、このような意味で性格をいくつも持っており、それを「多面性格」と呼ぶ心理学者がいます。多面性格は、その人の一貫性すなわち人格そのものが分裂する「多重人格」とは明確に区別され、ごく普通の人の状況への適応の結果です。

日本語には「間」という言葉があります。「あいだ」と読めば空間的ですし、「ま」と読めば時間的ですが、いずれにしても物理的には何もないところに意味を見出す概念です。「人間」という言葉は、もともと中国では「世間」に近い意味だったと言われています。人と人との間に人がいる、それが「人間」だという発想は、性格の状況論とも呼応します。

それでも私たちには、誰かの性格がそれなりに一貫性があるように見えます。ある人を取り巻く状況は様々でしょう。しかし、自分自身がその人と接する状況（より狭義にはその人と自分との人間関係）というのは、案外限定的なものです。つまり私たちが把握している誰かの性格というのは、その人と接する状況が限定されているがゆえに、一貫性があるように見えるというわけです。状況論が正しくとも、私たちにとってはなお素朴実在論がなお有力に見えます。たとえて言えば状況論は地動説、素朴実在論は天動説です。地動説が正しいことは今や子どもでも知っていますが、「太陽が昇る」「月が沈む」といった表現を使う私たちは、天動説に従って天地の動きを捉えていることを示しています。

性格の状況論の立場では、人の性格というものをひとつに決めつけて考えるのは正しくないということになります。極論すれば、内的な性格を測ると想定されている性格検査もすべて無意味ということにすらなります。もっともそこまで言う必要はないかもしれず、性格検査は特定の状況における性格を限定的に測っていると見なせばよいという考えもあります。いずれにしても性格検査はそのくらいのものと考えた方がよさそうです。

3-1-4. 血液型性格判断とどうつきあうか

性格を状況論で捉えなおしてみると、性格はそもそも個人の内側にある何かではないということになりますから、体内の一物質の特徴である血液型でそれが決まるという論がいかに的を射ていないかということがわかります。そのような意味で、血液型と性格の関係は「ない」と言えるのです。

それでも性格と関連があるというように見えるのが血液型です。性格の状況論について解説をした私の授業を聴いたある女子学生は、授業の感想としてこんなふうに書きました。

　とても納得しました。私はほんの軽い気持ちで血液型で人を見ていたけれど、興味のない人にとっては単なる偏見でしかないんだと思いました。でもやっぱり血液型ってあると思います。

血液型と性格の関連を否定する授業を聞いて「とても納得し」ながらも、「でもやっぱり血液型ってあると思います」と考える。どう見ても論理的ではないのですが、私たちは論理的には矛盾する事柄も抱えうる存在です。

血液型と性格に関連があるように思えるのは、それは「錯誤相関」（錯覚の一種で二つの要素が関連があるように思えてしまう現象）であると心理学者は言います。血液型性格判断で語られる性格を表す言葉というのは、実は誰にでもあてはまりがちな事柄です。たとえば「おおらか」「気が小さい」などと言われて、考えてみればどこか思い当たる部分があることが多いものです（フリーサイズ効果）。また、いったん相手を「×型は○○な性格」としてラベリングして見てしまうと、そのようにその人が見えてきたりするものでもあります（ラベリング効果）。そしてそのように決めつけられた性格が刻印され固定化して見られてしまいます（インプリンティング効果）。

血液型性格判断説をそれなりに信用するという人にとっては、どんな解説をされようとも、やはり血液型と性格の関連はあるように思えることでしょう。そういう人にとっては、他人が血液型ごとに色分けされて見えるのかもしれません。「相手を見ていればその人の血液型がだいたいわかる」と豪語する人さえいます。その人が感じている血液型と性格にまつわる現実感《リアリティ》は、心理学者でさえ否定のしようがありません。

しかし、血液型性格判断説をなお少しは信用するという人は、血液型で人を見ることが、時に偏見や差別のような重大な社会的問題にまで発展する可能性があるということを知ってほしいと思います。1-1で触れたように、血液型別に縦割り保育をしているという実例があります。血液型を考慮して会社等の人事が行われるという実例もあります。実際に学生から聞いた話ですが、ある学習塾の講師採用面接で担当者に「あなた何型？　AB型じゃない？ああよかった。AB型の人だけはちょっと注意が必要なんです」と言われたのだそうです。その学生はAB型ではなくて良かったというのですが、もし本当にAB型で、それゆえに不利な扱いを受けたとしたら、それこそ問題です。

また私自身の調査では、「相性が悪い」とか「結婚したくない」などとネガティブに捉えられる血液型には差があり、日本では少数派であるB型やAB型が比較的そう捉えられやすいという結果が得られています。自分がB型もしくはAB型であるがゆえに、最初から敬遠されるようなことが許容されていいのでしょうか。血液型というのも、肌の色とか○○人というのと同様に、個人が自分で選んだものではないし、基本的に変更することはできないのです。

血液型で人をステレオタイプ的に見るということは、人のことをよく理解しようとしているようでいて、実は非常に浅い理解でとどまってしまう可能性があります。血液型で人を見ることがどういう問題に繋がっているのか、血液型と性格の関連が「ある」と思っている人は、とくに考えてみてください。

＊〈読書案内〉＊＊

詫間武俊・佐藤達哉編　一九九四「血液型と性格──その史的展開と現在の問題点──」『現代のエスプリ』三二四　至文堂：

血液型と性格は関連があるという情報はたくさんありますが、関連ないという心理学者の情報はあまり出回っていません。本書は、後者の情報がまとめられている数少ない特集号です。私もその中の一編「血液型性格判断と信じる心」を担当執筆しています。

朝日オリジナル　一九九五『多重人格&性格の心理学』朝日新聞社：人格・性格について示唆の多い文章が多数収められています。本文で紹介した「多面性格」は、本書にある渡邊芳之氏の論文「多重人格と『多面性格』――健康な性格だってひとつじゃない――」にあるアイディアです。

木村敏　一九八七『人と人とのあいだの病理』河合ブックレット（河合出版）：人と人との「あいだ」にこそ意味があるということを教えてくれる一冊です。木村敏氏の他の著書『時間と自己』（中公文庫）『心の病理を考える』（岩波文庫）なども、同趣旨で貫かれています。

＊〈議論してみよう〉＊＊

日常会話の中で血液型と性格の関連がどのように言われることが多いかを思い出し、それらをできるだけたくさん出しあってみましょう。またそれは、どのような場面で使われる言い方でしょうか。それらの情報を手がかりに、血液型で人を分類したがる心理には何が関係しているのかを議論してみてください。

3-2．IQ一九〇は頭がいい？
——量的データと質的データ——

IQというのは、頭のよしあしの基準を確定したい、あるいは、人々を頭のよさという一つのモノサシの上に序列化してみたい、という壮大な野望の産物である。そして、捉えようとしている知能（が仮にあるとして）と、捉えられた知能はまったく別物と思ってもいいくらいのものであった。しかしそのことに気づいた人は少なく、多くの悲劇を生み出すことになったのである。

（佐藤達哉『知能指数』講談社現代新書）

3-2-1．IQ一九〇ってどんな意味？

IQ（Intelligence Quotient）という用語があります。それが「知能指数」を指していることは、多くの人が薄々知っているでしょう。この用語は、たとえばこんなふうに使われます。

「被告人前へ」。裁判長が呼びかけた声が自分を指していることに、運転免許証偽造で有印公文書偽造の罪に問われ、二日、東京地裁で初公判を迎えたオウム真理教信徒Y被告（二七）は最初、しばらく気づかないでいた。二度促されて陳述席についた。

IQ（知能指数）が「一九〇」だったという被告は、徳島県の名門高校を出て、国際基督教大学に入学。いったん入信した。高校時代に過食と拒食を繰り返して体調が悪かったことがきっかけらしい。

このときはすぐに脱会したが、一九九二年理論物理学を学ぶため、同大学大学院に進学する直前に再び入信。結局大学院は三カ月で休学した。教団「諜報（ちょうほう）省」トップで、地下鉄サリン事件の現場指揮者といわれるI被告（二五）と出会ったのがきっかけだった。自分の妹二人を誘って出家までさせ、親が一千万円の「お布施」も支払っている。（一九九五年一〇月三日　朝日新聞　被告名のみイニシャルに変換）

この記事で「IQ（知能指数）が『一九〇』だったという被告」というフレーズが使われています。読者はおそらく、「そんな頭が良いのになぜオウム真理教に入信をしたのだろう」とか、「頭が良すぎてかえっておかしかったのでは」とかといった意味を読みとるのでしょう。「徳島県の名門高校を出て」という部分も、そういった意味を強調する働きをしています。書いた記者は、「被告はこんなに頭が良いのに……」という意味を込めるため、「IQ（知能指数）が『一九〇』だったという被告」というフレーズを枕詞として使ったのかもしれません。

ここからわかることは、IQという数値の意味はよくはわからなくても、IQ一九〇と言われると「非常に頭が良い」ということを了解できる意味世界に私たちが生きているということです。通常「頭が良い」ということは肯定的に捉えられることですが、この記事は、「頭が良い人でもおかしなことをする」という一種のエリート批判にもなっているようです。

映画化されたダニエル・キイスの小説『アルジャーノンに花束を』では、主人公チャーリィ・ゴードンのIQは六八ということになっています。彼は特別な手術によってIQ一八五へと変わります。最終的には元に戻ってしまうのですが、ここでもIQは「頭の良さ」の指標であることが自明のこととされています。映画『フォレストガンプ』でも同様です。IQが七〇に少し足りないという「普通の人より頭が悪い」主人公ガンプが、フットボールの選手として名を挙げ、またベトナム戦争で活躍し英雄となり、実直な人柄から事業でも成功していく様が描かれています。

ところで頭が良いとか悪いとかというのは、いったいどういうことなのでしょうか。頭の良し悪しを表しているとされる知能とは、いったい何なのでしょうか。また知能の程度を表す指標と思われているIQは、どのように計算されるものなのでしょうか。

知能検査の結果としてIQが算出されること、IQ一〇〇というのが平均的な知能の程度を表しているということは、それなりに知られているようです。一〇〇より大きければ「頭が良い」、一〇〇より小さければ「頭が悪い」と見なされます。しかし、IQがどのような計算式で算出されるのかということは、ほとんど知られていません。

IQは、次の式で計算されます。

IQ＝（精神年齢÷生活年齢）×100

精神年齢とは、生活年齢（実年齢）とは異なり、その人の発達上の年齢水準です。「標準的な発達であれば×歳ならこれぐらいのことができる」といったことが明らかにされており、何歳水準のことができるかということを測定するのが知能検査です。式からわかる通りIQは、精神年齢と生活年齢の相対比較によって決まります。たとえば生活年齢が七歳で精神年齢も七歳ならば、(7÷7)×100＝100となり、IQは一〇〇となります（IQ一〇〇が平均とされるゆえんです）。精神年齢にはもちろん個人差があります。生活年齢が七歳でも知能検査の結果で精神年齢が九歳とされたならば、（9÷7）×100≒129ですからIQは一二九。逆に精神年齢が五歳ならば、（5÷7）×100≒71でIQ七一となるわけです。

冒頭に挙げた新聞記事が、こうした理解の上で書かれているとは思えません。小説や映画でも同様でしょう。頭の良さとは何かが問われないまま、その指標とされてしまっているのです。

3-2-2．IQと知能検査の歴史

IQというのは、そもそもいつ、誰が考え出したのでしょうか。またIQを算出する知能検査は、どのように考案されたものなのでしょうか。

実は、IQと知能検査は同時に生まれたのではなく、知能検査のほうが歴史的には先に作られました。IQは後になって、しかも別の人によって考案されたものでした。

最初の知能検査を作ったのは、フランスのアルフレッド・ビネという人です。法学・医学などを勉強したビネは、その後転身し、一八九一年にソルボンヌ大学の生理学的心理学研究室の副室長になります。そして、知恵遅れの子どもたちのコロニーに勤務していたシモンと出会います。そこで知恵遅れの子どもたちが特別な学校に入れられる際の審査が非常に恣意的に行われていたことを憂慮し、そのための検査方法を整備しようと考えました。そして一九〇五年に「異常者（児）の知的水準を診断するための新しい方法」という論文を発表します。それが最初の信頼できるとされる知能検査の誕生でした。

ビネの関心は、目の前の子どもが「正常児」であるか知的遅滞児であるかどうかを、きちんとした方法で調べることにありました。そうして判断された「正常児」は、ビネの関心事ではありません。二歳相当以上遅れている知的遅滞と判断された子どもを見つけ出し、彼らを特別なクラスに入れることに彼の関心はありました。ただしビネは、知能が普遍のものとは考えていませんでした。環境からの働きかけで変わりうると考えたのです。またビネは、知能はひとつの尺度でその程度を理解できるとは考えましたが、知能が一つの単純なものから成るとは考えていませんでした。

ところが、このような思想に基づいた知能検査は、その思想が骨抜きにされて、方法だけが一人歩きし変容していきます。IQという数値を考案したのは、ビネ自身ではなく、ドイツのシュルテンという人でした。ビネの研究に触れたシュルテンは、一九一二年に『知能を検査することの心理学的方法』という本を出し、そこで知能をひとつの数値で表すことを提唱しました。「精神年齢」という概念をはっきりさせたのもシュルテンで、精神年齢と生活年齢を比較し、ひとつの数値をはじき出そうとしたわけです。その結果生まれたのが先に挙げたIQを導き出す式でした。

シュルテンにしてもビネと同様に、人間を全体として捉えようとしていた発想があったといいます。しかしIQという指標は、より一人歩きしやすい代物でした。ビネのやり方では、先述の通り「正常児」か知的遅滞児かという判断をするだけですし、知能が不変のものとも考えられていません。ところがシュルテンのIQは、それが個人の「頭の良さ」を示す指標となり、知能が変化しうるということが捉えにくくなってしまいます。

不幸なことにこの知能検査とIQは、世界各地に広まるにつれ、よりいっそうビネの発想からは遠いものになっていってしまいます。アメリカで知能検査を最初に紹介したのはゴダードという人なのですが、検査のやり方だけが都合良く導入されてしまいました。ゴダードは、知能はひとつの次元で捉えられる単一のものと考えていました。さらにターマンという人がアメリカ版の知能検査を作成する際にシュルテンのＩＱを取り入れ、ビネの意図とはおよそかけ離れた知能検査がアメリカで流通するようになります。そしてまたこれが、移民の増加に悩んでいたアメリカで、一部の移民排除の手段としても使われるようになりました。

このように歴史を見てくると、いかに私たちが無責任にＩＱという数値を使い解釈しているかがわかります。知能という概念を打ち立てるとしても、それは複雑な要素が絡み合い構成されたものでしょう。またそれは、年齢とともに変わっていくものと思われます。ビネが考えたように、それには段階があって、平均的な段階（年相応）と比べてみてどうかということには、社会的・教育的に意味があるのかもしれません。それを表す指標としてＩＱというのも、限定的に使えるものかもしれません。しかしながら、一人歩きしやすい数値の解釈は、その背景をよく理解して、あくまで慎重であるべきです。

ＩＱが「頭の良さ」だけを測っており、それが私たちの人間性を必ずしも反映していないと見なされたためでしょうか、ＥＱ（Emotion Intelligence Quotient：情動の知能指数）なるものが考案され、それを測定するテストが現れました。そこでは「情動をうまく調整できることも知能の一部だ」などと考えられているようです。いずれにしてもそこで出されてくる数値の扱いは慎重にせねばなりませんし、何も無理にそういったものを使う必要もないのではないでしょうか。

3-2-3．偏差値とは何か

ＩＱ以外に私たちになじみ深い指標に、偏差値があります。これは何を表している数値なのでしょうか。

私が担当する大学の授業で一年生の学生一〇〇人以上に「偏差値六五とはどういう意味か」という質問をし、記述してもらいました。その主なものを表に列記してみます。

偏差値 65 とはどういう意味か？（学生による回答例）

みんなの平均よりも 15 ポイント高い数値
平均点を 50 とする割合において、65 の割合であるということ
平均点が 50 点のテストで 65 点がとれるということ
自分の能力を数値化したもので、平均は 50 だから、それなりに周りよりは優れている。
平均点より 20 %ぐらいテストの点数が上であること
学力を点数で機械的に集計したときの 65 という位置
25 が最低、50 が平均、75 が最高。そのうちの 65。中の上または上の下
偏差値 50 の人より 15 ぶん、何かの技でたけている。

標準偏差が 15 多い。

国立大に進学できる。

行ける大学がたくさんある。

いまいちわからないが、国が決めた数値
大学受験における、その人の受かる可能性のある大学が偏差値 65 前後であるということ
がんばってがんばってがんばった時に、一瞬見えるもの。

生まれもった賢さとは違い、努力によって獲得した感じの頭の良さ。

頭の回転が速い。

頭がいい。

学力がある。

勉強がけっこうできる。

全国の平均より頭がいい。

標準とされる成績よりもよい成績
テストをやったとき高得点をとったという意味
中の上
平均よりもできる。

オレより勉強ができる。

わからない。


偏差値の平均が五〇であるということは、おおむね理解されているようです。偏差値六五は平均よりかなり高いということから、「頭がいい」「学力がある」といった解釈が出てくるのでしょう。偏差値は受験にまつわる話で言われることが多い数値ですから、「国立大に進学できる」とか「行ける大学がたくさんある」とかということを連想する人もいるようです。「平均点が五〇点のテストで六五点がとれるということ」などのように、なんとか正確に書こうと試みた人もいました。しかし、偏差値を正確に定義できた学生は一人もいませんでした。

つまりＩＱと同様に偏差値という指標も、よくわからないけど、成績の良さの程度を表していると解釈されてい

るようです。ＩＱよりは、個人の努力によって変化しうるとは思われているでしょう。テストの出来次第によって偏差値は変化することは周知の事実だからです。しかし、よくわからないけど何となく理解したつもりになっているという点では、ＩＱの解釈と大差ありません。

偏差値はどのように計算されるものでしょうか。式を書いてみましょう。

偏差値＝{(個人得点－平均点)÷標準偏差}×10＋50

クラスの全員があるテストを受けた場合を想定してみます。あなたの得点が六五点だったとします。あなたのクラス内での相対評価は、平均点が五〇点の場合と八〇点の場合とでは当然異なります。前者なら平均より良いということになりますし、後者なら平均より悪いということになります。ですからまず、個人得点から平均点を引き算してその差を求めます。

相対評価を知るためには、それだけで十分ではありません。平均点が五〇点であったとして、各人の点数が三〇～七〇の間に集中しているのか、〇～一〇〇まで分布しているのかといった得点のばらつき具合が問題になります。前者なら六五点という得点はトップクラスということになりますし、後者なら、平均点よりは良いけど大したことないということになるでしょう。そこで得点のばらつき具合の指標である標準偏差（その計算式など詳しくは統計学の教科書などを見てください）で割ります。するとクラスの中での相対的な位置づけをはっきりさせることができます。

個人得点が六五点、平均点が五〇点、標準偏差が一〇点だと仮定してみます。個人得点から平均値を引いて、それを標準偏差で割ると、(65－50)÷10＝1.5となります。偏差値の計算では、それにさらに一〇を掛けて五〇を足します。これは、偏差値が常に平均値五〇、標準偏差一〇になるようにするためです（この操作を統計学では「標準化」

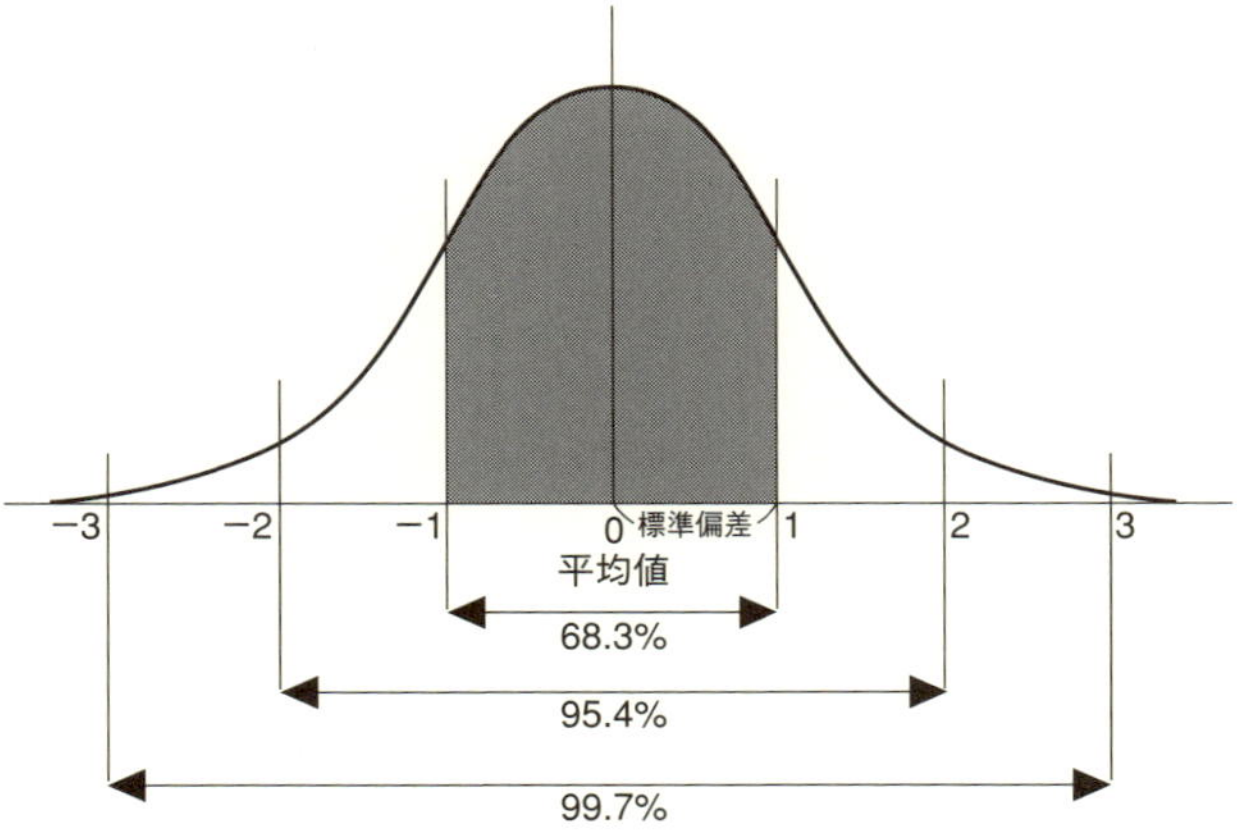

正規分布と標準偏差との関係（括弧内はその間に含まれるデータの百分率）

といいます）。この場合、残りの計算を行うと、1.5×10＋50＝65となります。これが偏差値六五ということの意味です。なお正規分布と呼ばれる山形の得点分布をするデータでは、「平均値±標準偏差」の範囲に約三分の二（正確には六八・三％）のデータが含まれ、約六分の一が「平均値＋標準偏差」の値以上に、残りの約六分の一が「平均値－標準偏差」の値以下に含まれるということが統計学上知られています。偏差値は平均値五〇、標準偏差一〇ですから、偏差値六五であれば上位六分の一以内にランクされることが推定される（統計学的にはより詳細な推定が可能）というわけです。

この偏差値を考え出したのは日本人です。実は、知能検査とＩＱが生まれた経緯にも似た歴史があります。一九五三年に、中学校の教諭であった桑田昭三が、高校への進路指導が恣意的に行われている実態を憂慮し、教え子に対して適切な進路指導が行えるようにと、統計学の方法をアレンジして編み出したのが偏差値でした。最初は学内だけで使い、そのうちにそれが周りでも使われるようになっていきます。桑田は一九六三年、ある大手のテスト業者に転身し、コンピュータのなかった時代ですからソロバンと計算尺を使い、偏差値計算に没頭します。彼は偏差値を計算しつつも、「統計は個を無視している。生徒の個を大事にして、偏差値を読め」と強調したそうです。

しかし戦後のベビーブームで生まれた人たち、いわゆる団塊の世代が高校に通い始めた一九六〇年代前半になり、教育熱は上がっていき、子どもたちは偏差値で輪切りにされていきます。そしてコンピュータが偏差値を計算し始めると、それはもはや桑田の手の届かない怪物になってしまいました。偏差値が現在どのように使われているかは、周知の通りです。生徒のためにと考え出された偏差値は、皮肉にも生徒をひとつの尺度にランクづける道具となり、生徒たちを苦しめるものにさえなってしまったというわけです。

3-2-4．量的データと質的データ

数値で表されたデータは「量的データ」と呼ばれます。量的データはある面でとても便利であり、うまく使えばそれによって説得力を持たせることができます。たくさんの言葉を尽くして記述をするよりも、量的データをもとに描かれたひとつのグラフのほうが、説得力があることも少なくありません。それゆえ心理学では、統計学の知識も援用して、量的データを最大限活用してきています。「数学が苦手で文系を選んだ」という学生が心理学を専攻すると、あらためて統計学の勉強もしたりせねばならないことがあります。それはある程度必要なことであり、心理学における量的データの活用は、これからも続いていくに違いありません。

しかし量的データには落とし穴もあります。ＩＱや偏差値の例でわかる通り量的データが示されると、それが何を示しているのかよくわからないのに、それだけで〝科学的〟で〝客観的〟に見えてしまうことがあります。また量的データを意図的に悪用して、本当は差がないのに差があるように見えるグラフを描いて、場合によっては人を欺くこともできます。意図的ではなく悪意がないとしても、量的データの扱いや統計学の知識が不足しているため

に、誤った解釈を他人に示してしまうこともあります。またＩＱや偏差値のように、正確に解釈できないまま使ってしまうという問題もあります。

心理学は人間にアプローチをする学問分野のひとつですから、量的データではどうしても掬いきれない部分が残ります。そのため心理学では近年、質的データをあらためてきちんと扱おうという機運が高まってきました。たとえばある人が自分の人生について話した語りのデータ（narrative data）は、数値には還元できない質的データの例であり、それをどのように分析するかということにもいくつもの試みがなされています。量的データを扱うことこそ科学的な心理学だと考えられてきたところから、心理学者たちも一種の反省を迫られる状況が生まれてきたのです。そして、そのための方法論が、現在の心理学界では様々に議論されています。

生きている人間の営みを、量的データだけで表しきれると考えるのは、もとより無理なことであり、心理学研究で質的データを扱うことは必然です。ＩＱや偏差値といった指標の有用性を限定的には認めるとしても、一人ひとり個性的な営みをしている私たちを、それらで輪切りにしてしまうようなことは、好ましいことではないのではないでしょうか。

もともと多義的な部分を含む質的データを扱うためには、言葉などに対する私たちのセンスと力量も問われます。なかなか割り切れない意味世界で格闘することも、人間についての研究では必要なのです。

＊〈読書案内〉＊＊

佐藤達哉　一九九七『知能指数』講談社現代新書：知能指数（ＩＱ）なるものがどのようにして作られてきたのか、その歴史が詳しく紹介されています。本文で紹介した知能検査とＩＱについての歴史は、この本に依拠しています。

伊藤哲司　二〇〇九『みる　きく　しらべる　かく　かんがえる――対話としての質的研究』北樹出版：世の中を質的に捉えていくセンスを磨き、初めての人でも質的研究に取り組み、その方法を学んでいけるように解説がなされています。「みる　きく　しらべる　かく　かんがえる」のそれぞれの実践を試みつつ楽しんでみてください。

また偏差値の歴史については、一九九五年七月一五日付の朝日新聞記事「数字で選別　学校は窒息した」を参考にしました。

＊〈議論してみよう〉＊＊

私たちはどういうことを「頭が良い」と呼んでいるのでしょうか。その実例をいくつも考えてみましょう。それがひとつの指標で表されるものとは考えず、様々な「頭が良い」という例を出しあって議論してみてください。そして、この表現が持つ多義性について考察を深めてください。

3-3. カウンセリングは心に効く?
――「心のノート」が意図するもの――

その関係のなかで語るとき、人はほんとうに自由であるのだろうか。日記を書くほどには自由ではない。相手が人間であるからこそ、語るほうに相手の意向をどこかで察しようとする気持ちが働かないわけはないからである。どう語り、どう変わることを自分は望まれているのだろうという模索である。はっきり意識することはなくとも、人と人との関係においてはその配慮が働く。とくに権力関係のなかでは。そしてカウンセラーが自分の考えを語らないだけにいっそう、クライエントは「いい子」としての答えを出す方向に自発的に傾いていくのだと思う。いわゆる、自発的適応である。巧妙な装置であると言わざるをえない。

(小沢牧子『「心の専門家」はいらない』洋泉社)

3-3-1.「心の時代」の時代性

近年不況が続いていると言われながらも、私たちのまわりには〝豊かさ〟が溢れています。スーパーやコンビニに行けば多種多様な物を買うことができ、携帯電話で日常的に連絡を取りあったり、インターネットで様々な情報を得たり発信したりできるようになっています。海外旅行に出かけることさえ、かえって国内旅行よりも安い場合があり、多くの人がそれを楽しんでいます。東京でオリンピックがあった年（一九六四《昭和三九》年）に生まれた私でも、戦前生まれの親から「あなた達は幸せだよ」と言われて育ったものですが、現代はそれ以上に〝豊か〟で〝便利〟な世の中になりました。

そのような豊かさを享受している私たちですが、それゆえにというべきか、かえって心が満たされず、様々な「心の問題」を抱え込んでいるのが実情のようです。現代は「心の時代」とも呼ばれます。一九八五年に、著名な臨床心理学者の故・河合隼雄氏は、臨時教育審議会などで「学校や家庭への心理学の導入を」と主張しました。校内暴力や少年非行が社会問題化し、尾崎豊が若者たちの気持ちを代弁する歌をうたい、「十代の教祖」と呼ばれた頃でした（尾崎豊は一九九二年に二六歳の若さで急逝しますが、彼は一九六五《昭和四〇》年生まれで、私と同世代です）。

やがてバブル経済は崩壊。心の時代は現実味を増していきます。一九九〇年代になって、臨床心理士資格が確立されて「心の専門家」が登場し、スクールカウンセラーなどとしてその活躍の場を新たに広げていきました。一九九五年には、阪神・淡路大震災が発生し、またオウム真理教によるとされる地下鉄サリン事件が起きて、「心の傷＝トラウマ」を負った人々のための「心のケア」の必要性が叫ばれるようになりました。

大学では臨床心理学を学びたいという学生が増え、心理学は大学の中でもっとも人気の高い科目や専攻のひとつとなりました。実際には心理学には様々な分野——私の専門のように社会と個人の相互作用を読み解く社会心理学という分野も含めて——があるにもかかわらず、将来の仕事としてカウンセラーを志望する心理学専攻志望の学生は今なおたくさんいます。

「不登校」「ひきこもり」が社会問題になっています。「ニート（ＮＥＥＴ：Not in Employment, Education or Training）」と呼ばれる学校にも行かず職にも就かない若者も数十万人いると推定されています。不登校（かつては「学校恐怖症」とか「登校拒否」と呼ばれました）についてはそれなりに理解も進み、不登校の子どもたちの受け皿となっているフリースクールなどが社会的にも認知されるようになりました。一方で、ひきこもりやニートについては解決すべき社会問題として捉える目がなお強く、そういった状態にあると見なされる人たちが犯罪を犯したりすると、「予防と早期発見を」といった話題がマスコミをにぎわします。

中高年の「心の問題」も深刻なようです。一九九八年に日本における年間の自殺者数は三万人を超え、その後も同様の水準が続いています。交通事故による死亡者は統計上では年間五千人を下回っています（それでも少ないとは言えませんが）。その六倍以上の人が自ら命を絶つ、そんな気が滅入るような一面が現代日本社会にはあります。

3-3-2.「アダルト・チルドレン」という物語

このような時代にあって、「自分の居場所がない」「何となく生きづらい」などと感じたり、「摂食障害（拒食・過食）」に陥ったり、「リスカ（リストカット）」と呼ばれる自傷行為をしたりする人が少なからずいるようです。一九九〇年代、そんな生きにくさを感じている人たちに希望を与えたと言われるのが「アダルト・チルドレン」という言葉でした。

「今の自分の生きにくさの原因は、子どもの頃に家族の中で受けた『トラウマ（心的外傷）』のためだ」と理解させてくれるのが、アダルト・チルドレンという言葉です。自分のいま抱えている心の問題は、必ずしも自分が悪いためではないということ、自分と同じような問題を抱えている人が他にもたくさんいるのだと思わせてくれます。ある関連の本には、こんな記述があります。

機能不全家族で育った人で、いろいろな心理的な傷を受け、どうしてこんなに生きづらいのかわからないというとき、「アダルト・チルドレン」という言葉に出会って助かった、という人がいたとしたら、こんなに嬉しいことはありません。自分たちを表現する言葉に出会い、自分の行動に理由があることがわかって、心の霧が晴れた、という人が増えることが私の喜びです。（西尾和美著『アダルト・チルドレンと癒し　本当の自分を取りもどす』学陽書房）

アダルト・チルドレンという言葉からは、その意味するところがよくわからないのですが、もとはAdult Children of Alcoholicsという言葉です。「アルコール依存症の親を持ち、今は大人になっている人」という意味であり、そこから機能不全に陥った家族内で育った人という意味が生まれました。病名ではなく、自分の状態を認識可能にしてくれる「希望の言葉」「旅立ちの言葉」などとも言われます。一九七〇年代にアメリカで生まれた概念であり、日本には一九九〇年頃紹介され、九〇年代半ばからアダルト・チルドレン関連の本が続けざまに出版されました。

そこでたくさんの自称アダルト・チルドレンが生まれました。そんな人たちが「癒し」を求めて作る自助グループがあります。その一つが行うワークショップを垣間見る機会がありました。その時の様子をご紹介します。参加者は三〇人ほど。ワークショップのリーダーは車座に座った参加者

一時期氾濫したアダルト・チルドレン関連本

の中から、「やってみたい人」を募りました。四〇歳ぐらいの女性が輪の中に進み出ると、リーダーから自分の家族構成などを話すように言われました。両親や祖父母、親戚の構成などを女性が話し、リーダーはそれを黒板に書き取っていきます。女性はリーダーに促されるまま、いま抱えているプライベートな自分の問題を語り出しました。まわりの参加者は、その様子を神妙に伺っています。

女性が語ったのは、普通なら他人には語らないであろうきわめてプライベートな夫婦関係の問題でした。夫が家のことを何もしてくれないことを嘆くように話すと、周りからは共感する声が漏れます。時に苦笑が起きるような場面もありますが、だんだんと話し口が深刻になり、神妙な雰囲気が漂い始めました。

リーダーの誘導でそのうちに、話は過去の自分がどう過ごしていたのかというところへと及んでいきました。子どもの頃の自分が家族の中でどう過ごしていたのかという話になると、女性は突然感極まって突っ伏してしまいました。リーダーが合図をし、すでに要領を心得ている参加者数人が女性に寄り添い、身体をさすったり、手を握ってあげたりします。「話した方が楽になりますよ」というリーダーの優しい声に誘われて女性は、「お母さんがいないの！　お母さんが……どこにもいないの！」と、年甲斐もなく泣き叫びました。まるで子どもが癇癪《かんしゃく》を起こして泣いているかのようです。しかしそれを嗤《わら》う人は誰一人おらず、まわりの参加者の何人かは、彼女に自分の問題を重ねて見ているようでした。

泣き叫び疲れて女性は静かになり、リーダーの勧めで部屋の隅へと移動しました。そこで参加者の一人に抱きかかえられるようにして、その女性はしばらく毛布にくるまれて目を閉じていました。爆発させた感情を沈めるには、相当時間がかかるようでした。

このようなワークショップを通して、その女性が本当に癒されたのかどうか、私には正直なところわかりません。

ただこれで彼女が、現在の夫との関係を改善できるとは、とても思えませんでした。ひょっとしたら彼女は、ワークショップの場で作り出された「自分の今の問題はお母さんに原因があったのだ」という物語ゆえに、かえって傷口を広げてしまったかもしれないとすら感じました。

昨今子どもへの虐待が社会問題化しています。虐待を受けて育った人は、自分が親になると虐待をしがちで、「虐待の連鎖」が起こりうると言われます。確かに、親との人間関係はすべての人間関係の基礎になりえますから、自分の親との関係が「虐待をする－される」というものであったならば、自分の子どもとの関係もまたそのようになってしまう傾向があると考えられなくもありません。

このように過去のトラウマが問題を引き起こすとよく言われるようになりましたが、しかし実はその出来事を過去に遡って検証することは不可能に近いことです。多重人格者には幼児期の激しい虐待が原因となっているという指摘もあるのですが、過去の記憶は物語化され、時の社会の言説に従って作られてしまうという側面を有しています。1-4で「記憶は、その人の人生そのものである」と述べ、記憶の重要性について指摘をしましたが、この問題もまた記憶の一側面です。

アダルト・チルドレンという言葉が醸し出す「自分の生きにくさなどの原因は、自分にではなく、親をはじめとする家族にある」というのは、「わかりやすい物語」です（1-1参照）。アダルト・チルドレンという言葉で希望を見出す人もいるのかもしれませんが、彼らはそれゆえに、親に責任転嫁し親不信を募らせるという犠牲を払っているのかもしれません。

3-3-3.「心のノート」の登場とカウンセリング

二〇〇二年四月、「心のノート」が日本全国の小中学生に配布されました。「道徳教育の日常化」（文部科学省）を促すための補助教材という位置づけで、教科書ではないため検定にはかかっていません。事前にほとんど話題になることもなく、現場の先生たちにとっても突然やってきた教材だったようです。私も、その年小学校一年生になった娘に知らされて、初めてその存在を知りました。「心のノート」には、小学校一・二年版／三・四年版／五・六年版と中学生版の四種類があり、市販もされています。全面パステル調のきれいなカラー刷りで、子どもたちが興味をひきそうなイラストや写真がふんだんに使われています。

最初に自分でこのノートに名前をつけるようになっていて、そのほかにも書き込みをする欄がたくさんあります。そして、「うそなんかつくものか」（一・二年

文部科学省発行の４種の「心のノート」
（左上から時計回りに、小学校１・２年生版／３・４年生版／５・６年生版／中学生版）

版)、「あやまちを『たから』としよう」(三・四年版)、『ありがとう』って言えますか?」(五・六年版)、「自分をまるごと好きになる」(中学生版)といった、子どもたちの「心」に働きかけるためのフレーズが多用されています。

どの「心のノート」も四部構成となっています。最初は「主として自分自身に関すること」が取り上げられます。まず自分自身に注目させて、「自己の在り方を考えて、望ましい自己の形成を図る」ことが意図されています。次に取り上げられるのが「主として他の人とのかかわりに関すること」です。自己に注目させたあとで、「身近な他の人との望ましいかかわり方を考え、自覚を深める」ことが企図されます。三つ目には「主として自然や崇高なものとのかかわりに関すること」が取り上げられています。そこでは「美しいもの、人間の力を越えたものなどとのかかわりを通して自覚を深める」ことが目指されます。最後の観点は、「主として集団や社会とのかかわりに関すること」です。ここでは「様々な集団、郷土、我が国、国際社会の中の一員として自覚を深める」ことが促される内容となっています。

「心のノート」には、いじめや不登校などの問題が絶えない学校教育の諸問題を、心理学の力も借りながら道徳面から何とかしたいとする意図があるようです。この教材に対して評価する声もありますが、多くの批判の声があがっています。たとえば「戦前の『修身』に『心理主義』が加わったもの」という批判です。修身は、教育勅語をよりどころとしており、戦争への動員に利用されたと言われる国民道徳の実践指導でした。その考えを再びベースにしながら、様々な日常の問題の多くが個人の「心」にあるとする現代の「心理主義」を加味して、「心のノート」が作られているという指摘がなされています。

「心のノート」の作成協力者会議座長を務めたのは、先述の故・河合隼雄氏でした。「心のノート」の作成に心理学者が関わっているということは間違いありません。私も心理学者の端くれですから、これは困ったことだなと直感的に感じました。

ところでカウンセリングにおいては、一般的に共感的理解が重視されます。カウンセラーの基本的役割は、「気の利いたアドバイスをする」ことではなく、クライエント（来談者）の話を聞き、それがいかに理不尽であろうともまずは受容することです。そうした中でクライエントが自分で解決策を見出していくというのが、カウンセリングの特徴です。

しかし、カウンセラーとクライエントは対等な立場ではありません。カウンセラーは「心の専門家」としてクライエントの前に登場し、カウンセリングの場面全体を緩やかにコントロールする権限を握っています。クライエントがカウンセラーの解釈枠組みからはみ出していくことに対しては、緩やかにブレーキがかけられます。カウンセラーはそれなりに望ましい方向性を知っていて、そこにクライエントが〝自ら〟進んでいくように導いていきます。

不登校気味の子どもに対してカウンセリングを行った結果、その子どもが学校に再び行けるようになったとします。それはおそらく親にとって望ましい結果でしょう。しかし学校が何も変わらずに、その子の「心」が変わった――変えられた――結果、学校に行けるようになったのだとしたら、学校側が抱えている問題はそのまま温存されることになります。カウンセリングが力を発揮する場面は現代社会においてあるとは思いますが、基本的に個人の「心」を対象とするカウンセリングが、皮肉なことに社会の体制維持にも一役買ってしまうこともあるのです。

「心のノート」には、子どもたちが自ら書き込みをする欄がたくさんあります。それらは一見自由に書き込みができるようでいて、「望ましい答え」があらかじめ想定されているように見えます。子どもたちは、「先生はこう書いてほしいんだろうな」とか、「こういうふうに書けば問題ないのだろうな」と敏感に読み取ってしまうことでしょう。カウンセリングで暗に存在する望ましい方向性とそこへの導きが、ここにもあります。

「心のノート」について、授業の中で学生たちから感想や意見を寄せてもらったところ、「読んでいて寒気に似た感覚をおぼえた。〃生きがいや生きる喜びについて考えてみよう〃〃好きな異性がいるのは自然〃など、様々なことがスローガンや問いかけといったやり方で示されている。（中略）ここまで書かれていると読んでいても素直に受け入れにくい」といった反応を返してくる学生が少なからずいました。一方、「私はこの『心のノート』を見て、それはそういった自己を見つめたり、様々なことを考える助けとなるのではないかと思いました。（中略）こういうものに接し、少しでも知ったり考えさせられたりする機会が得られれば、命などへの意識も高まっていくのではないかと思いました」などという感想を述べる学生も、またけっこういました。

「心のノート」の精神は、「常識を疑ってみる」その精神、つまり必要に応じて批判的に物事を捉えていこうという精神とは対極にあるものだと思います。『心のノート』は癒し系ナショナリズムだ」という批判もあります。「心のノート」が教育現場で使われ続けていったならば、やはり子どもたちに小さくない影響を与えていくのではないでしょうか。

3-3-4.「心の時代」を超えて

心理学で扱う概念のほとんどは「構成概念」と呼ばれるものです。構成概念とは、直接的に観察することはできず、その存在が推測されるという仮説的な概念です。「実体概念」とは異なり、実際に直接触れたりすることはできません。馴染み深いと思い込んでいる「心」「性格」「感情」などはすべて構成概念であって、その実体については必ずしもよく掴めません。

言葉というのは、それを指し示す内容が先にあって、それで言葉が生まれると思われがちですが、話はそう単純ではありません。構成概念の場合はとくに、それを示すとされる言葉が作りだされてはじめて、その指し示す内容がはっきりとし、問題として扱えるようになります。

たとえば「セクハラ」という言葉があり、それは主に男性が女性に対して性的に不快と感じる行為を働くことを指します。このような行為は、セクハラという言葉が作られ社会的に認知されるようになって初めて社会問題として扱われるようになったわけです。このように言葉が作られるということは、概念が作られるということでもあります。

誰かが考案し作られた言葉は、様々な場面で鍛えられ、それが必要だと多くの人に認められると息長く残っていきます。たとえば「人権」という言葉が定着するまでは、それが意味する「人間が人間らしく生きるために生来持っている権利」が個人にあるとは思われていませんでした。現在でもなお、国や地域によっては、その言葉は人々に認知されていないと推測されます（日本の国内でさえ、そういうことはなおあると言うべきかもしれません）。

しかし一方、ある作られた言葉が、一時的には流布しても、市民権を得ないまま概念ともども消えていくものもあります。かつて「母原病」「ピーターパン症候群」などといった言葉が流布した時がありました。しかし現在ではもはや死語になっています。先に触れた「アダルト・チルドレン」はどうでしょうか。一九九〇年代後半に盛んに聞かれたこの言葉は、二〇〇〇年代に入って耳にする頻度がめっきり少なくなりました。これもまた、いずれ死語になるのかもしれません。

昨今、かなり定着したように見える「トラウマ」や「ＰＴＳＤ（Post Traumatic Stress Disorder：心的外傷後ストレス障害）」といった言葉はどうでしょうか。これらはベトナム戦争を戦ったアメリカ兵が帰国後に抱えた問題として注目されたものなのですが、共同体的な人間関係がなお生きているベトナムでは、戦争時にアメリカ兵以上に悲惨な体験をした人々も実にたくましく生きているように見えます。これらの言葉は、社会や文化や時代が異なっても普遍的に通用する言葉というわけではないようです。

事あるごとに「心のケア」の必要性が叫ばれ、「心」が強調される時代に私たちは生きています。学校へのスクールカウンセラー配置が普通のこととなりましたが、しかし、それゆえにいじめや不登校が減ったという話は聞きません。「心の時代」の限界がそろそろ見えてきているようです。「心」についてその捉え直しが求められているのでしょう。生きているということ、そういう意味で私たちは社会的動物であるということ、社会や共同体のなかで私達は社会的動物であるということとそういったことを今一度考えてみることが必要なのです。

＊〈読書案内〉＊＊

ウルズラ・ヌーバー　一九九五『〈傷つきやすい子ども〉という神話　トラウマを超えて』岩波書店：本書では、トラウマを受けた人が必ずしも問題を引き起こすわけではないということを、豊富な例を挙げて示しています。そういうわかりやすい「神話」にはまらないようにとの警鐘を鳴らしている書です。

小沢牧子　二〇〇二『「心の専門家」はいらない』洋泉社：かつては臨床心理学を学び実践していた筆者がカウンセリングなどへの違和感を感じ始めた経緯を含め、批判的な臨床心理学論を展開している興味深い本です。

伊藤哲司　二〇〇四『心理学者が考えた「心のノート」逆活用法』高文研：「心のノート」を使わざるをえない状況にある小中学校の教師が、この教材をどう逆手にとって「活用」すればよいのか、それについてのアイデアを記しました。教師や教師になりたいと考えている人に、ぜひ読んでほしいと思っています。

＊〈議論してみよう〉＊＊

「心」に高い注目度が集まっているのは、どこの国でも同じなのでしょうか。「不登校」「ひきこもり」「ニート」といった問題は、他国にも同じようにあるのでしょうか。留学生を交えて、それぞれの国における「心の問題」について情報提供をしあい意見交換をすることを通して、日本の現状をあらためて考えてみてください。

3-4．科学的知識は普遍的？
――フィールドワークの知のあり方――

科学的思考は、具体的な世界に張り付いていた人間を自由にした。理論の空間の中で、私たちは「今ここ」の制約を超えて可能性の世界に遊ぶことができた。それは創造的な飛躍であったが、同時に生活世界の根を失うことでもあった。科学の力を借りて、私たちは自己をはるかに拡張することができたが、同時に身の回りの世界、自分の足下、等身大の自分の姿を見失ってもいる。心理学者はもう一度我が家に帰っていくときなのではないか。

（南博文「素朴さから考える――発達研究における具体性の復権――」『発達』ミネルヴァ書房）

3-4-1．「心理学は科学である」ということの意味

心理学という学問は、日本の大学の中ではいわゆる文系に分類されています。物理学や化学などの分野よりは、文学や哲学や歴史学などの分野に近いものとされているわけです。それには、心理学が哲学から分化して成立したという歴史的経緯が大きく関わっています。そのため旧来から大学では、文学部哲学科に心理学専攻が置かれてきたりしました。

その一方で、「心理学は科学である」と、心理学のテキストにはしばしば書かれています。ここでいう科学とは、

理系分野とされる物理学や化学など含む「自然科学」という意味であり、また近代という時代に発生した「近代科学」という意味です。科学的な心理学では、同じく人間を研究対象としながらも哲学のように思弁的に思索・考察を進めるのではなく、〝客観的〟に観察・実験を行い、仮説を立て検証するという作業を繰り返し、〝実証的〟にモデルや理論を構築していきます。

このような意味での科学について、ある心理学者はこんなふうに解説しています。

私たちはなぜ、世の中を科学的に説明しようとするのでしょうか。

本来、「科学的な考え方」とは世界を理解しようとする数多くの考え方のうちの一つであるにすぎません。そして、科学的がよいことで非科学的が悪いことであるという価値観を、科学自体がもっているわけではありません。では、なぜ私たちは非科学的なことを非難し、科学的に説明されると安心するのでしょうか。

それは科学的考え方に従って得られた知識は、地球上のどんな人にとっても理解と利用が可能な共通した知識になるからなのです。だからこそ、科学的であることに結果として価値が生じるのです。これを科学の客観性や普遍性とよびます。（菊池聡「心理学を学ぶ人のために」『不思議現象なぜ信じるのか　こころの科学入門』北大路書房）

なるほどと納得する人も少なくないことでしょう。これが、多くの心理学者の共通認識です。しかし、私も心理学者の端くれですが、これとはやや異なる意見を持っています。

この文章を読んで、私にはすぐにいくつか疑念が生じます。「なぜ私たちは非科学的なことを非難し、科学的に説明されると安心するのでしょうか」とありますが、そこでいう「私たち」とは誰なのでしょうか。本書でも繰り返し「私たち」という表現を使っていますが、それと同様に、読者も含めた意味で使っているのでしょう。ところが、「非科学的なことを非難」しないどころか支持したり弁護したりする人はたくさんいますし、「科学的に説明され」ても「安心」しない人はたくさんいるのが現実です。

またより気になる点は、「科学的考え方に従って得られた知識は、地球上のどんな人にとっても理解と利用が可能な共通した知識になる」という部分です。

自然科学は基本的に「物」を研究対象とします。物理学にしても化学にしてもそうですし、また生物学や医学では生き物（生体）が対象ですが、それを基本的に生命現象という物として扱います（もちろんそのこと自体が悪いというわけではありません）。そのような自然科学の分野で得られた知見は、確かに普遍性があると言えるでしょう。物理現象が、社会や文化によって異なるということはありえません（それでも「地球上のどんな人にとっても理解と利用が可能」かどうかは別問題かとは思いますが）。

たとえばハイダーが創案した「バランス理論」を考えてみましょう。社会心理学では知られているこの理論によると、三者関係（あるいは二者と一つの対象物）を考え、その間の好意・嫌悪を「＋」「－」で判断し、それらを掛け合わせてプラス（「＋」「＋」「＋」あるいは「＋」「－」「－」）ならばバランスがとれている状態（バランス状態）、マイナス（「＋」「＋」「－」あるいは「－」「－」「－」）ならばバランスがとれていない状態（インバランス状態）とされます。インバランス状態の時には、それをバランス状態に移行させようという力が働くと考えるのが、バランス理論の概要です。

確かにこれで三者関係の多くの場合を説明できそうです。たとえばカップルが共通の好きなもの（あるいは嫌いなもの）を持つことはバランス状態にあると言えます。夫婦が共通の趣味を持っているといったことが該当します。一方、私が好きなのにその相手は嫌いというものがあるのはインバランス状態であり、安定した状態ではないということになります。たとえば自分が嫌煙家なのに相手が愛煙家というのは、カップル同士のケンカの種にもなることでしょう。そのような場合は、いずれかが嗜好を変えて（自分もタバコを吸うようになるとか、相手に禁煙してもらうとかして）バランス状態に持っていくか、あるいは互いを嫌いになり疎遠になることで（つまり離婚したりすることで）バランス状態を生み出すと、バランス理論は予想します。

ただし、もちろん例外はたくさんあるに違いありません。嫌煙家と愛煙家の仲の良いカップルもいるでしょうし、それぞれの関係を「＋」「－」で特定するというのも、多くの場合で単純にはできないでしょう。相思相愛なら「＋」ですが、片思いはどうなのか。現実の人間関係の複雑さを少し考えてみるだけで、単純にバランス理論が当てはめられない事例がすぐに浮んできます。

もちろん理論というのは、現実から重要な要素を抽出して構成されるものですから、だからといってバランス理論が価値のないものということにはなりません。その着眼点には優れたものがあると言うべきです。しかしバランス理論が、すなわち普

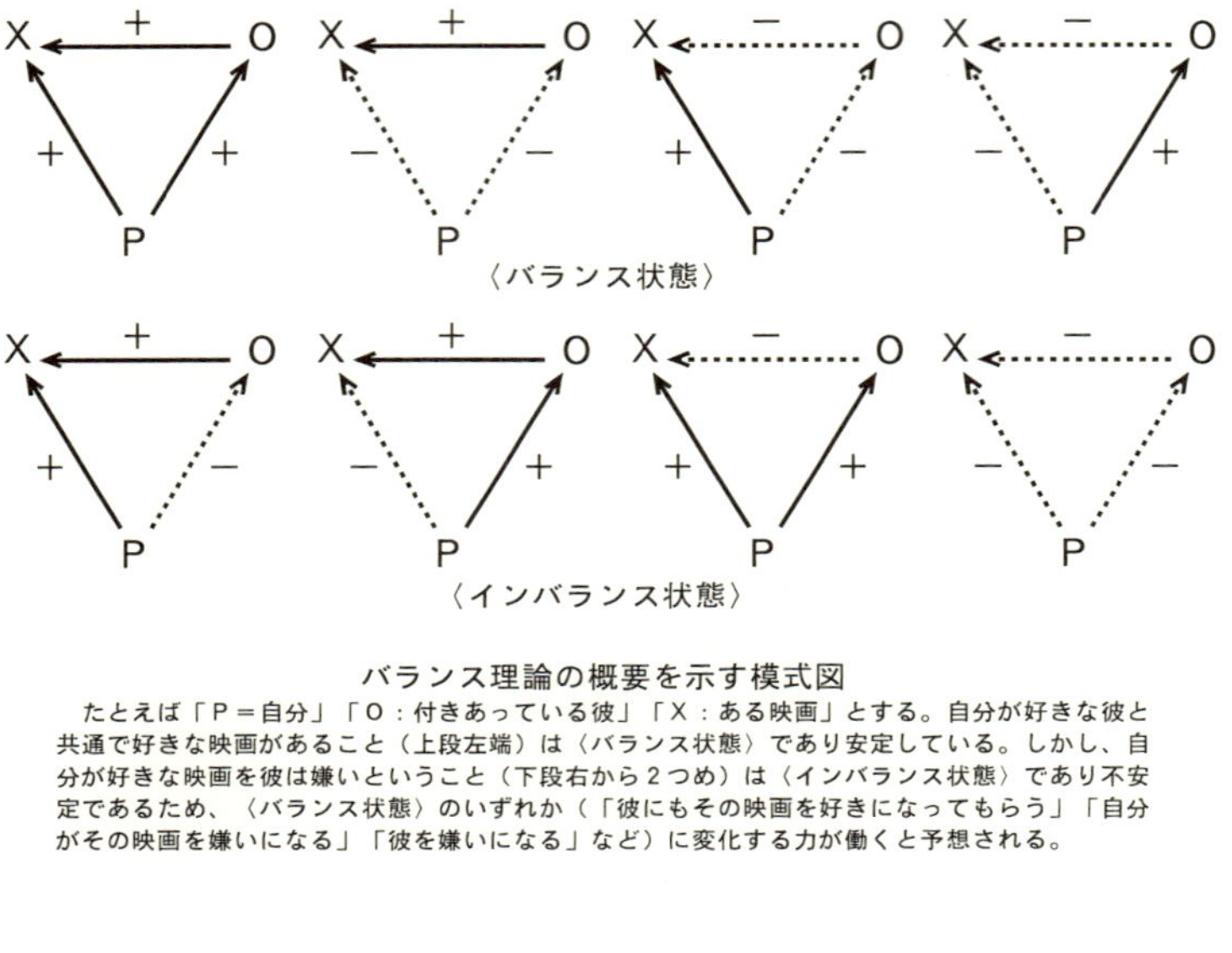

バランス理論の概要を示す模式図

たとえば「P＝自分」「O：付きあっている彼」「X：ある映画」とする。自分が好きな彼と共通で好きな映画があること（上段左端）は〈バランス状態〉であり安定している。しかし、自分が好きな映画を彼は嫌いということ（下段右から２つめ）は〈インバランス状態〉であり不安定であるため、〈バランス状態〉のいずれか（「彼にもその映画を好きになってもらう」「自分がその映画を嫌いになる」「彼を嫌いになる」など）に変化する力が働くと予想される。

遍性を持つかどうかはわかりません。人間関係の捉え方には社会的・文化的な差異が大きく認められるものであり、バランス理論がほとんど適用できない社会・文化もあるかもしれません。

心理学の研究では、実験的な手法など自然科学と共通性のある方法も用いられます。しかし、「心理学は科学である」と単純に言うことはできないでしょう。そもそも人間は、社会や文化や歴史の編み目の中で生きている存在です。そのような人間を対象にした研究では、どのような発想でアプローチすればよいのでしょうか。

3-4-2．近代科学の知とフィールドワークの知

「パラダイム」という言葉があります。パラダイムとは、その時代の研究者集団が共有している研究の方法や発想の総体です。研究者にとっては一種の文化のようなものであり、人が文化と無縁で生きられないのと同様に、それと無縁で研究を行うことは事実上できません。研究者がいかに自由に発想しようとしても、それは通常パラダイムの中にとどまったものになります。

しかしパラダイムは、いつまでも不変というわけではなく、重要な理論の発見や学問の進展によって大きく変化することがあります。それをクーンは「パラダイム変革」と呼びました。近代科学（自然科学）は近代という時代にパラダイム変革を経て成立し、それが現在まで続く強力なパラダイムを生み出し、現在なお大きな力を及ぼし続けています。

心理学という学問分野は、一九世紀にヴントが心理学の実験室を作ったことがその始まりであったとする見方が有力です。そのころ心理学は哲学と袂を分かち、近代科学の知を生み出すパラダイムに従うことを旨として研究が

進められてきました。それは近代科学のパラダイムが優れていると見なされていたからに他なりません。

近代科学では、理論の適用が基本的に例外なく妥当する〈普遍性〉、主張するところが首尾一貫しており多義的ではない〈論理性〉、誰でも認めざるをえない明白な事実として存在しているという〈客観性〉がもっとも重視されます。心理現象はそもそも目に見えないものですが、人のいわゆる主観的な判断も、「精神物理学測定法」という方法を用いると客観的に測定することが可能になります。ある時代には、「心」という曖昧で目に見えないものは問題とせず、客観的に観察できる行動だけを研究対象にしようという「行動主義」が唱えられたこともありました。

近代科学たらんと心理学が目指し努力してきたお陰で、確かに心理学の知見がたくさん生みだされました。また研究のための方法論が整備され、観察・実験・質問紙調査・面接等、多様な方法が編み出されてもきました。そのように心理学の研究が主に進められてきた功績はけっして過小評価すべきものではありません。とくに人間の社会

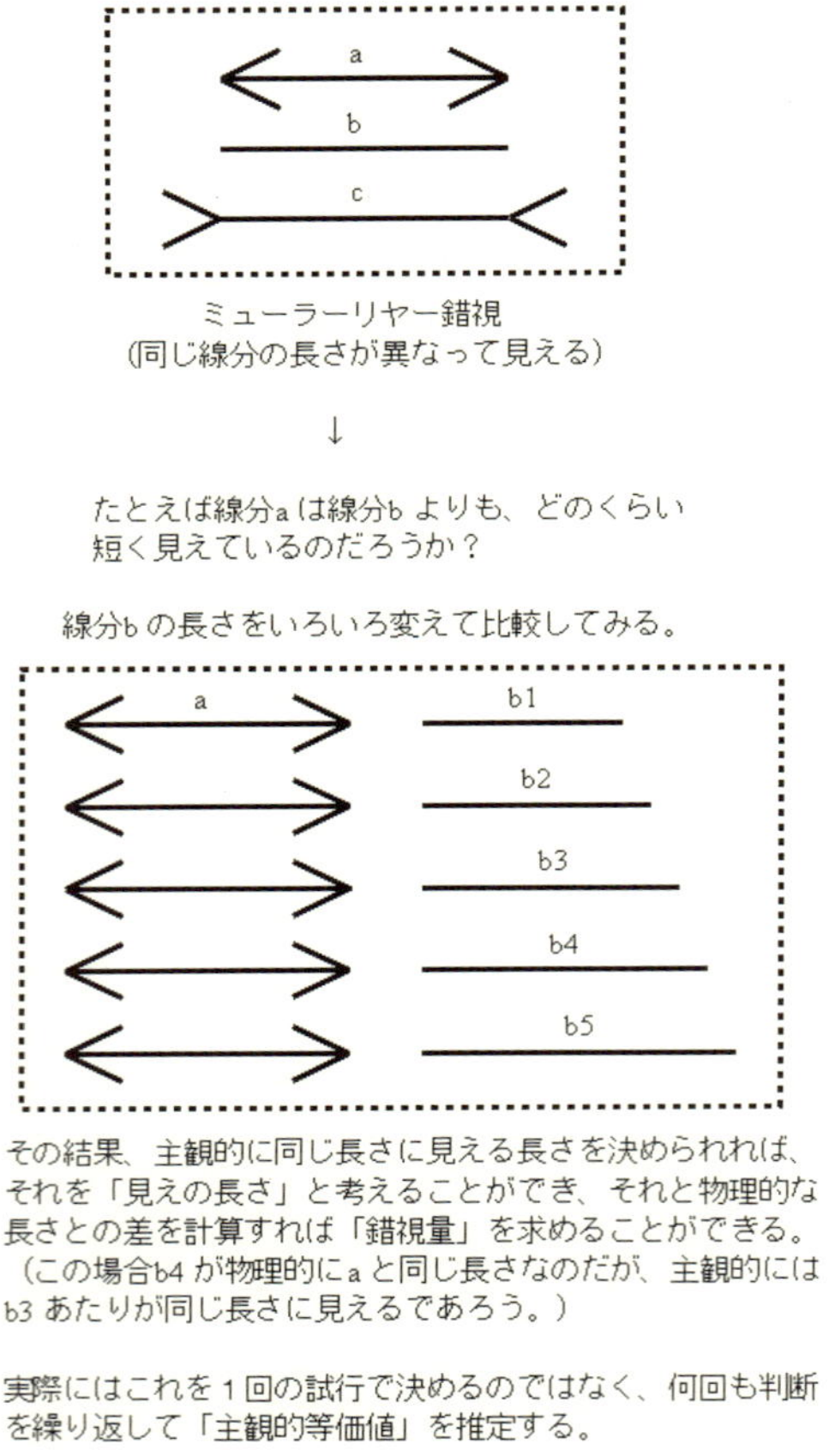

a
b
c
ミューラーリヤー錯視
(同じ線分の長さが異なって見える)
↓
たとえば線分a は線分b よりも、どのくらい
短く見えているのだろうか？
線分b の長さをいろいろ変えて比較してみる。
a
b1
b2
b3
b4
b5
その結果、主観的に同じ長さに見える長さを決められれば、
それを「見えの長さ」と考えることができ、それと物理的な
長さとの差を計算すれば「錯視量」を求めることができる。
（この場合b4 が物理的にa と同じ長さなのだが、主観的には
b3 あたりが同じ長さに見えるであろう。）
実際にはこれを１回の試行で決めるのではなく、何回も判断
を繰り返して「主観的等価値」を推定する。

精神物理学測定法の解説（錯視図形における錯視量の測定）

的な行動を実験で検証するという実験社会心理学などは、画期的な発明であるとすら言えるでしょう。

しかしそのように進んできたために、私たちが素朴に感じる心理現象について心理学がなかなか応えられないという事態が次第に明らかになっていきました。人はなぜ人を好きになるのだろうとか、なぜ妬みを感じるのだろうとか、人の価値観はなぜ人それぞれ違うのだろうとか、そういったテーマを心理学でまともに扱うことは暗黙のうちに難しいということにされてしまいました。物理現象のように普遍性があるとは限らないのが心理現象です。できる限り科学的にアプローチしようとしてきたがゆえに、心の機微といったものを心理学が扱えなくなっていったのです。近代科学の発想が、心理学など人間の営みを対象とした研究分野には必ずしも適合しないことは、もはや明白です。

近代科学の知がもたらすものの素晴らしさと限界をわきまえつつ、ここで私たちが取り上げるべきは、「フィールドワークの知（あるいは臨床の知）」と呼ばれるものです。そこでは、対象間あるいは対象と研究主体である研究者との関係を重視しつつ、目で見て観察するだけでなく、身体で識ることが重視されます。フィールドワークの知では、ともすると主観的であるとして排除されがちであった研究者の身体的経験も重視して、物事を理解していくのです。それでなければ知りえないことが、人間を対象とした研究の場合、確実にあるからです。フィールドワークの知は、「動きながら関わりながら識る知」と言いかえることもできるでしょう。

フィールドワークの知による研究では、その方法の手続きは非常にマニュアル化しづらいのが特徴です。それに誰がやっても同じ結果が同じように出るということにはなりません。一〇〇人の研究者がいれば結果もおそらく一〇〇通りあります。ただし、自分が「わかった」というだけでは、もちろん学問の知とはなりえません。学問の知には、多くの人が理解し受容できる公共性が必要だからです。そのためにフィールドワークの知に基づいて研究をする研究者は、たとえば観察結果についての厚い記述を試み、写真やビデオなどの映像表現なども活用して、研究者とフィールドとの関わりも含めたノンフィクションの物語《ストーリー》を、相互主観的・共感的に伝えようと試みます。それは、数量的なデータでスマートにグラフなどを描いて見せるやり方とは違い、スパッと現実を切りわけるわけにはいきません。

私たちは、たくさん矛盾も抱えつつ、社会的・文化的・歴史的な関係の中に生きている存在です。そういう視点で見直した心理学研究が必要であるとの認識が、一九九〇年代あたりから日本の心理学界には徐々に広がっていきました。二一世紀に入ったこの時代、心理学にも除々にパラダイム変革が起こりつつあるようです。

3-4-3. もうひとつの科学=人間科学

一九九二年、「理系の逆襲!」という特集で「すべての学問は理系化するのダ」という一文が『科学朝日』という雑誌に載った時、私はまだ博士課程の大学院生でした。その筆者によれば、すべての学問は「実験的」「数学的」「理論的」になっていくのだそうで、現在文系に属している学問分野はすべて、文学や歴史学も含めて、その方法が理系的なやり方、言葉を換えれば近代科学的・自然科学的なやり方に変わっていくと主張されていました。

私はこの意見に対して、とても共感する気にはなれませんでした。実験で人間のことをすべて扱えるわけではなく、数量化されたデータで人間のことがすべて語れるわけでもないからです。「すべての学問は理系化するのダ」に対して、私は反論を同誌に書かせてもらいました。題して「文系の反論!」。拙論の中で私は、理論的になることはともかくとしても、人間を研究対象とした文系の学問では、すべて実験で事足りるというわけにはいかないし、数量化できない情報がどうやってもあると主張しました。若き大学院生の生意気な意見に映ったかもしれませんが、書いたことは今でも基本的に間違っていないと思っています。

そもそも理系とか文系とかと言う時に、その違いは、方法よりも対象にあります。端的に言えば、理系は基本的に「物」を対象とする学問分野です。これがすなわち自然科学であり近代科学です。一方文系というのは、基本的に「人間」を対象とする学問分野です。人間が織りなす様々な思考や行動、あるいは社会や文化との関わり等々を研究しようというわけです。これをもう一つの科学と考え、自然科学とは区別して「人間科学」と呼ぶ研究者がいます。

先述の近代科学の知というのは、理系の学問が生み出す知にほぼ相当します。一方フィールドワークの知というのは、文系の学問が生み出す知にほぼ相当すると見ることができます。いずれかが優れているとか、より正しいとかということはありません。文化に基本的に優劣がないのと同様に、この両者は対等の価値を持つと捉えるべきでしょう。

もちろん文理融合ということも言われたりしますので、両者が融合した研究分野というのがありえます。医学は、生体の反応を物として扱う側面が一般的には強いわけですが、心理学とも接点がある精神医学の分野ではとくに、人間を「物」と見なすだけでは事は進みません。当然そこには、理系・文系両方の発想が求められます。人と道具とのインターフェイスを考える人間工学という分野もまた、そのような性質を必然的に帯びています。心理学でも、自然科学・近代科学たらんとしてきた歴史を活かしつつ、人間科学の一分野としてより充実していくことが求められています。

3-4-4. 社会構成主義と心理学の未来

心理学などで注目を集めている考え方のひとつに、1-1でも少し触れた「社会構成主義」があります。人間科学の中に位置づけられるひとつの有力な立場です。短いスペースで説明するには無理がありますが、その概略を紹介してみたいと思います。

宮崎駿監督の「となりのトトロ」というアニメがあります。ある一家が田舎の古い家に引っ越してきます。考古学者のお父さんに娘のサツキとメイという家族。お母さんは病気で入院してしまっています。そのサツキとメイの前に現れるのが、ずんぐりむっくりとした不思議な生き物・トトロです。二人はトトロと一緒に村中を飛び回ったりします。その後お母さんの病状を心配したメイが行方不明となり村中が大騒ぎになりますが、トトロの友達らしい猫バスがサツキを乗せ、メイを探し出してくれます。そんなハッピーエンドのほのぼのとしたお話が展開していくのですが、この物語は心理学的にもきわめて意味深長です。

トトロの姿は、お父さんやお母さんには見えません。どういうわけかサツキとメイにだけは見えるのです。たぶん森などを作っている自然の木々や動物たちには、トトロの姿は見えているのでしょう。しかしそのすぐ近くで暮らしている村人にも見えていないようです。

トトロとはいったい何者なのでしょうか。「子どもだけに見える想像上の動物」といったあたりが一般的な解釈でしょう。しかし社会構成主義の立場にたつならばそれは、サツキやメイの身体(物理的な意味での肉体とは違います)、それに森などを構成している自然物の身体から構成された「超越的身体」であると捉えられます。それを構成している者だけが、トトロの姿を見ることができます。トトロは、サツキやメイや自然物が作っている「集合体」の中で構成されたものに他なりません。それが〝客観的〟に存在しているかどうかは、意味を持ちません。サツキやメイや自然物にとってトトロは確かな存在です。しかも自分たちが構成したものであるにもかかわらず、あたかも昔からそこに存在していたかのように存在しています。

　これは単なる空想の話ではありません。私たちは、生まれてこのかた様々な集合体の中で生きています。家族もしかり、町内会もしかり、学校も会社もまたしかりです。そして、その集合体の中で構成されている超越的身体（トトロ）があります。いわゆる社会の中で共有されている「規範」は、超越的身体が発する声です。それを無視することはできません。たとえば、人々が盆暮れには親しい目上の人にお歳暮を贈ったり、女子高生がミニスカートをはいて派手な化粧をしてみたり、政治家が違法と知りながら票集めの金をばらまいてみたり、それらすべては集合体の規範（超越的身体が発する声）に従っている結果です。その集合体の外にいる人にとっては、そのような規範はとても奇異に思えることがしばしばです。それらの人には、トトロの声（規範）は聞こえてこないのですから。

「すべての事象は社会的（集合的）に構成されたものであり、主観－客観という二分法は意味を持たない」というのが社会的構成主義の基本的な考え方です。自然科学が説くような客観的世界というものを、もうひとつの科学である人間科学の立場からは、実は想定することができないのです。

　社会構成主義はけっこう難解ですが、そこに心理学の次なる展開の鍵のひとつがあるように思います。学問の体系というのは、すでに作られ完成された堅い構築物ではありません。それ自体が得体の知れない文化のようなものでもあり、そこに自ら参加していくことによって初めてその豊かさが見えてきます。自然科学に対しても人間科学に対しても、柔軟な発想でそこに参加し、大いに学んでみてください。あなた自身が将来、学問の進展に大きな寄与をする一人になれるかもしれません。

＊〈読書案内〉＊＊

中村雄二郎　一九九二『臨床の知とは何か』岩波書店（岩波新書）**：**「臨床の知」とは、本章で触れた「フィールドワークの知」と同義。哲学者によってこの知の在り方について興味深く論じられています。本文で触れた近代科学についての解説は、この本に依っています。

伊藤哲司　二〇〇一『ハノイの路地のエスノグラフィー』ナカニシヤ出版：ハノイの路地に家族とともに住み込んでのフィールドワークを通して、ハノイの人々の生活世界を描いた拙著です。フィールドワークの知の実践のひとつとして捉えてもらえれば嬉しいと思います。

楽学舎編　二〇〇〇『看護のための人間科学を求めて』ナカニシヤ出版：もうひとつの科学である人間科学の立場にたち、社会構成主義の考え方がわかりやすく解説されています。トトロの比喩は、この本からの引用です。

＊〈議論してみよう〉＊＊

二一世紀的な人類共通の課題として地球温暖化の問題などがよく取り上げられています。どうすれば持続可能な地球・社会・人間のシステムを作っていけるのかに取り組んでいるサステイナビリティ（持続可能性）学には、文理を超えた多くの分野の研究者が参加しています。それがどのような展開をしているのかを調べ、そして自分たちには何ができるのかを、仲間とともに議論してみてください。

おわりに

耕さない田んぼ古代米の収穫が終わった小春日和の田んぼで

おわりに

―「耕さない」という生き方―

「自分を耕そう」という言い方が、自己啓発のキャッチフレーズとして使われることがあります。畑を耕して作物を育てるように、自分を耕して自分自身を育てようという意味でしょう。「文化」を意味する culture という英単語の語源には「耕す」という意味があります。大地を耕してこそ、人間にとって必要な作物（文化）を生み出すことができる――耕さなければ農作物（文化）は生み出せない――と考えられているようです。

マインドコントロール的な技法（1-3参照）も使うと言われる自己啓発セミナーの類に参加すると、まさに「耕す」という言葉がぴったりくるような体験をすることになります。その中では、自分の過去の秘密を他人に話し、過去の自分に遡って、時には大の大人が感極まって「おかーさーん！」と泣き叫ぶようなことまでして、今の自分を捉え直そうとします。まわりで冷静に見ている目からするときわめて奇異に見えるのですが、本人はいたって真面目。またまわりの人たちも、真剣なまなざしでその場を共有しています。

そのようにして自分を深く耕すことで癒され救われるという人も、確かにいることでしょう。「それで良かった」という人の体験を否定するつもりはありません。

しかし私たちは、学校教育や社会の中で、すでにさんざん耕されて育ってきています。なお勉強ができるかどうかがもっとも重視され、何か疑い批判することよりも、疑いを抱かず実直であることを陰に陽に求められてきたのではないでしょうか。誰しもきっと、幼いころにはもっと素朴な「なんで？」という疑問を、この「世界」に対してたくさん持っていたに違いないのに。

近代農法では、大地を深く耕すだけでなく、化学肥料をたくさん与え、除草剤でまわりの雑草を枯らし、虫や病気を防ぐためにまた農薬をまいたりします。近年、化学肥料や農薬に対してかなり敏感な人が増え、そのニーズに応じた農作物も売り出されるようになりましたが、スーパーマーケットで買えるのは、なおその大半が、姿形だけは立派な、近代農法による野菜たちです。見かけはとりあえず立派ですが、野菜本来の栄養価がかなり落ちているという指摘もありますし、残留農薬なども気になります。

スーパーマーケットに並んでいるきれいな野菜たちは、私たち現代人の姿そのものなのかもしれません。自己啓発セミナーのような場でさらに自分を耕そうとする人々の光景からは、さらにそうやって深く耕されないと救われない私たちの姿が浮かび上がってくるようにも見えます。

「畑は耕すもの」というのが常識でしょう。しかし、畑の土は耕されることによって命を奪われ痩せていき、それゆえに大量の肥料が必要となるという主張があります。除草剤によって雑草のない状態にされれば、虫たちは作物に集中せざるをえず、それゆえに農薬が必要になるといいます。逆に、畑を耕さないでおいたならば、草々が生え、虫たちも息づき、生命活動が盛んになります。そうした中で私たちに必要な作物も、実は育っていくことができるのです。季節が巡れば草々は枯れて倒れ、虫たちも亡骸となり、それらが堆積して次なる生命を育む肥沃な土に変わっていきます。そういう発想で農の営みをしている人たちがいます。

実は私も、そのような実践をしている一人です。それは自然農とも呼ばれる耕さない農法です。自宅の近所で借りている畑は、もう10年近く一度も耕していないのですが、もちろん農薬など使わず、虫や草などのたくさんの命を同時に育みつつ、年を経るごとに土が豊かになっていくのを実感しています。素人ゆえに種を蒔いてもうまくいかないこともあるのですが、そこでできる作物は、小振りでもギュッと栄養が詰まっているようです。また仲間たちと隣町の休耕田を借りて、不耕起による古代米作りにも取り組んでいます。夏の草の手入れは少々大変ですが——稲が幼いころは、やはりどうしてもまわりの草々の勢いを抑えてやる必要があるのです——タニシやドジョウやカエルやヘビもいる田んぼでできた赤米・黒米・緑米・香米などを、毎日食卓で楽しんでいます。

森の中の土は、一度も耕されないのに、落ち葉が積もりつもって、豊かな腐葉土になっています。本来私たち人間も自然の一部のはず。耕さない田畑でも作物が育つように、私たちも本来的には、様々なものが堆積し、矛盾も抱え込みながら、しかしその中でたくましく生きていける、そんな生命力を持った存在なのではないでしょうか。

しかし、そのようなことを知らない人から、「畑はやはり放っておけば荒れていくだけでしょう」と言われてしまうことがあります。近代農法に長年取り組んできた人ほど、「耕しもせず肥料もないのに作物が育つわけがない」と言い切ったりします。畑に少しでも草が生えること自体が許せないとか、畑に草を生やしておくのは世間体が悪いとかといった感覚もあるようです。長年かかって身につけてきた常識というのは、その人の生き方さえも形作っていますから、それをあえて疑ってみることは、やはりかなり難しいことのようです。

同じように、学校教育の中で疑わず実直であることを求められ続けてきた人にとっては、いきなり「常識を疑ってみよう」と言われても、なかなかピンとはこないかもしれません。実際、私の授業を受講している学生から、「先生は疑いすぎで、いったい何を信じて生きているのですか?」と言われたことがあります。思いのほか学生たちは既成の概念や見方を鵜呑みにして、保守的な一面を見せることが少なくありません。「保守」が常に良くないということではありませんが、「理不尽な校則でも、社会にはルールがあるということを教えるために必要なんですよ」

などという意見を若い学生から聞くと、思わず考え込んでしまうのです。

ところで、私が大学の教員になって初めて送り出した教え子の夫婦が、丸一〇年間務めた会社を辞めて、お子さんたちと一緒にある農村に移り住んでいます。「開発等で村の財政を潤すのではなく、この自然を大切に残す方向で小さいながらもやっていく道を考えていこうという考え方の村」を見つけ、そこに縁あって家を借りることができたそうです。周囲の人たちからは「仕事もないのに無謀」と言われたりもしたそうですが、今はまわりの農作業を手伝ったりして、のんびりと楽しくやっているようです。

そのあっぱれな教え子に、「先生ぐらいになると、本当にいろんなシガラミにがんじがらめなんだろうねぇ……。本当に体を壊さない程度にしておいた方がいいですよ」と言われてしまいました。「自分が思っているほど、自分は必要とされてないんだぐらいの気持ちでスパーっと嫌な仕事きっちゃえばぁ!?」とも。なるほどそうかもしれないと思ったり、でもなかなか実際はそうもできないなと思ったり。でも自分もその教え子を見習って、ささやかにでもまた何かしたいと思っています。

近年学生から、「自分が何をしたいのかよくわからない」「これが本当に自分のやりたい仕事なのかわかならない」といった声をよく耳にします。青年期というのはそういうことを感じやすい時期でもありますが、そう呟く学生は、どちらかというと内向きで、外に出て他人と出会って何かをしていこうとはしない傾向があるようです。そんな若者に対して年配の人なら、自らの経験から「頑張りなさい。頑張ればいいんだ」と叱咤激励するかもしれません。でも「頑張る」は「我を張る」ことでもあり、本来的には無理のあることでもあります。「頑張ることは確かに素晴らしい。でも頑張れないと感じるときは頑張らなくてもいい」と私は思います。

そして、そんな時にこそ知ってほしいのは、モノの見方をちょっとずらしてみること、すなわち「常識を疑ってみる」ということです。常識を疑い、モノの見方を少し変えてみると、一見草だらけの畑が実はとても豊かであることに気づくように、「世界」の見え方が変わっていくはずです。と同時に、自分なりのモノサシもできていくことでしょう。なにもわざわざ「自分探しの旅」などしなくても、自分はここにしか存在せず、そこで腰の据わった思考や行動ができるようになっていくのです。

当たり前のこととしてそれまで疑いもしなかったことを疑いだした時に、自分なりのモノサシで何かが見えてくることでしょう。そして、その声を聞かせてもらえたなら、筆者としてこんなに嬉しいことはありません。

＊〈読書案内〉＊＊

川口由一　一九九三『自然農から農を超えて』カタツムリ社：専業農家として自然農を実践する著者による本です。いまこの川口さんに学んで自然農を実践しようというグループが、全国にたくさんできています。

新井由己　二〇〇八『自然農に生きる人たち——耕さなくてもいいんだよ——』自然食通信社：自然農に取りくんでいる人々を全国に訪ね歩き書かれた一冊です。カラー刷りの美しい写真で、実際の畑の様子がたくさん紹介されています。

＊〈議論してみよう〉＊＊

「常識を疑い自分なりのモノサシを持つ」という本書の提案を受けて、実際にどのような展開が自分なりに図れたでしょうか。その点について各々の経験を共有しあい、このような実践をすることの意義について、仲間と語りあってみてください。

謝　辞

北樹出版の福田千晶さんには、本書の前身である『常識を疑ってみる心理学――モノの見方のパラダイム変革――』（二〇〇〇年刊）と『改訂版　常識を疑ってみる心理学――「世界」を変える知の冒険』（二〇〇五年刊）の時から大変お世話になりました。今回の第三版の作成も、福田さんのサポーティブな関わりがなければできなかったものと思います。記して深く謝意を表します。

著者略歴

伊藤哲司（いとう　てつじ）

1964年　名古屋に生まれる
1987年　名古屋大学文学部哲学科（心理学専攻）卒業
1993年　名古屋大学大学院文学研究科（心理学専攻）満期退学
1993年　茨城大学人文学部講師
1996年　茨城大学人文学部助教授
2006年　茨城大学人文学部教授　現在に至る
1998年５月～1999年２月　文部省在外研究員としてベトナム（ハノイ）滞在
専　攻　社会心理学、ベトナム文化研究
学　位　博士（心理学）（1995年　名古屋大学）
ホームページ　http : // www.tetsuji64.com

主な著書『ハノイの路地のエスノグラフィー――関わりながら識る異文化の生活世界――』（ナカニシヤ出版）、『ベトナム 不思議な魅力の人々――関わりながら考えるアジアの心理学者 アジアの人々と出会い語らう――』（北大路書房）、『動きながら識る、関わりながら考える――心理学における質的研究の実践――』〔共編著〕（ナカニシヤ出版）、『アジア映画をアジアの人々と愉しむ――円卓シネマが紡ぎだす新しい対話の世界――』〔共編著〕（北大路書房）、『非暴力で世界に関わる方法 心理学者は問いかける』（北大路書房）、『サステイナビリティ学をつくる――持続可能な地球・社会・人間システムを目指して――』〔共編著〕（新曜社）、『学校を語りなおす――「学び、遊び、逸れていく」ために――』〔共著〕（新曜社）、他

第三版　常識を疑ってみる心理学　―自分なりのモノサシを持つ―

2000年10月５日　初版第１刷発行
2003年５月５日　初版第３刷発行
2005年４月25日　改訂版第１刷発行
2009年４月10日　改訂版第３刷発行
2010年４月10日　第三版第１刷発行
2012年４月10日　第三版第２刷発行

著　者　伊　藤　哲　司
発行者　木　村　哲　也

・定価はカバーに表示　印刷　恵友社／製本　川島製本

発行所　株式会社　北樹出版

〒153-0061　東京都目黒区中目黒1-2-6　電話(03)3715-1525(代表)
FAX(03)5720-1488

ISBN978-4-7793-0216-9
（落丁・乱丁の場合はお取り替えします）

有元典文・岡部大介　著

デザインド・リアリティ

半径300mの文化心理学

私たちの生きる現実の世界はどのように作られそして作られつつあるのか。文化的に創られる世界を身近な切り口から柔軟に鮮やかに論じる。文化心理学の立場から世界とそのつながりを読み解いた入門書。

四六並製　232頁　2200円（0164-3）　[2008]

伊藤哲司　著

みる　きく　しらべる　かく　かんがえる

対話としての質的研究

質的研究とは何か。質的研究の方法、基礎知識を分かりやすくバランスよく具体的に解説するとともに、質的研究の醍醐味が伝わるよう編まれた新鮮な入門書。実際にユニークな課題も行える実践編も収録。

四六並製　160頁　1600円（0198-8）　[2009]

金政祐司・大竹恵子　編著

健康とくらしに役立つ心理学

社会心理学、臨床心理学、スポーツ心理学、生涯発達心理学といった様々な分野から人々が生活していく上で心身の健康を向上していくための研究理論やヒント、提言を身近な例を交えつつ解説した入門書。

Ａ５並製　196頁　2200円（0170-4）　[2009]

平石賢二　編著

思春期・青年期のこころ

かかわりの中での発達

思春期・青年期の子どもたちの心理社会的発達の特徴を、彼らを取り巻く様々な人々とのダイナミックな関係性に焦点を当てて考察する。執筆陣に教師・カウンセラーを加え現場の事例を豊富に盛り込む。

Ａ５並製　204頁　2000円（0138-4）　[2008]

渡辺弥生・小林朋子　編著

10代を育てるソーシャルスキル教育

すぐに使えるワークつき

心身ともに急激な成長を遂げる10代の発達を概説した上で、様々な問題を乗り越えていくために必要不可欠なソーシャルスキル教育を解説。実践で使えるワークブックと詳しい教授法もついた実践の好著。

Ｂ５並製　164頁　2000円（0197-1）　[2009]

会沢信彦・安齊順子　編著

教育相談（仮題）

子どもの乳幼児から高校までの発達と特徴的課題を概説し、昨今の問題を捉えた上で、校内外の連携のなかでいかに効果的に子ども達を支援し、問題に対応できるかを探る。実践視点の教育相談のテキスト。

Ａ５並製　[近　刊]

金政祐司・石盛真徳　編著

わたしから社会へ広がる心理学

第Ⅰ部で自己及び親密な人との関係を、第Ⅱ・Ⅲ部では視野を徐々に広げ、集団、社会、文化における人々との関わりを論考。社会心理学の最新研究を盛り込みつつ、興味深いトピックを基に分かり易く説述。

Ａ５並製　240頁　2400円（0070-3）　[2006]

今在慶一朗　編著

30分で学ぶ心理学の基礎

身近な例を切り口に、図版を多用しながら心理学の基礎知識を分かりやすく興味深く概説。また、最新知見をも盛り込み、心理学の面白さを伝える。章末にミニ実験やまとめテストも付し、自習にも最適。

Ａ５並製　138頁　1900円（0096-7）　[2007]

加藤　司　著

心理学の研究法［改訂版］

実験法・測定法・統計法

心理学を学ぶにあたり必要なスキルを丁寧に解説した入門書。心理学という学問の基本的考え方や歴史的な研究の流れを捉えることから始まり、実験法・測定法・統計法を作業手順に沿って詳しく説明した。

Ｂ５並製　228頁　1900円（0157-5）　[2008]